Langweilig ist anders

Erlebnisse rund um den Globus.
Kapitän an Bord eines Containerschiffes – eine
Herausforderung der besonderen Art.

von Claas-Holter Baumgert

Text Copyright © 2016 Claas-Holter Baumgert

Alle Rechte vorbehalten.

ISBN 978-3-00-053208-5

Lektorat: Michael Lohmann – lohmann@worttaten.de

Titel-Design: Angelika Semar - www.semardesign.de

Urheber Bildhintergrund: www.123rf.com/profile_siuwing

Alle Ähnlichkeiten mit lebenden Personen oder realen Handlungen sind durchaus beabsichtigt und nicht zufällig.

Kontakt: clabautermann@opensea.eu

Mit Respekt für meine Kapitänskollegen

Th. No., Lutz Losansky +, Pe. St., Mi. Ri., Kurt Jourdant +, Jü. He., Wi. Fe., Da. Go.

Als Dank an die Leitenden Ingenieure Uw. Ko., Ge. Hä., An. Gu., An. Le., Wa. Ry., Ro. Ko., Volker Jensen +

In Würdigung der Arbeit der Kollegen an Land Bi. Ha., Fr. Hü., Ti. In., Ch. We., Di. Mi., Ro. Eb., La. We., Ja. Ro., Ro. Sch., Sa. Me.

In Hochachtung für ›meinen‹ Reeder.

Inhaltsverzeichnis

Vorwort 8
    MS SEOUL – Sommer 2010 11
Abfahrt und Ankunft – Fortgehen und Ankommen 11
    MS SEOUL 19
Kleine Geschenke erhalten die Freundschaft, weltweit ... 19
    MS SEOUL – Das Schiff 24
    MS SEOUL 26
Piraten bei Bab el Mandeb 26
    MS SEOUL 30
Der Schiffs-TÜV: Werft in Hong Kong 30
    MS SEOUL 38
Idle – Bummeln auf See 38
    MS SEOUL 43
Japan, das Land der aufgehenden Sonne 43
    MS SEOUL 46
Südkorea: Glanzpunkte 46
    MS SEOUL 49
Seeverkehrsrowdy 49
    MS SEOUL 53
Im Hafen – Chaos als Methode 53
    MS SEOUL 56

Pläne werden gemacht, um sie – über Bord zu werfen 56

    MS SEOUL 59

Besuch an Bord im Mittelmeer 59

    MS SEOUL 62

Das Kreuz mit der Kreuzfahrt 62

    MS SEOUL 68

Ablösung in Asien 68

    MS DENVER – Frühjahr 2011 72

Blinde Passagiere, Kapstadt 72

    MS DENVER 78

Wind im Hafen, Kapstadt 78

    MS DENVER 80

Betriebswirtschaft, Port Louis 80

    MS DENVER 81

Ansteuerung Tanjung Pelepas 81

    MS DENVER – Das Schiff 86

    MS DENVER 88

Ein Schiff aufgelegt – Reede-Dienst 88

    MS DENVER 96

Was es nicht an Bord gibt, Schattenseiten-Bericht 96

    MS DENVER 102

Wieder Ladung an Bord – TEU-Statistiken 102

    MS DENVER 105

China-Handel: Erdbeerjoghourt ohne Erdbeere 105
   MS DENVER 110
Südafrika, Lotsen im Anflug. 110
   MS DENVER 114
Südafrika, Wind und Wetter 114
   MS DENVER 120
Gedränge in der Malakkastraße 120
   MS DENVER 123
Und am Ziel wird abgemustert 123
   MS GEMMA – Herbst 2011 126
Immer wieder neue Gesichter 126
   MS GEMMA 129
Human Ressources Management, Materialfragen 129
   MS GEMMA 136
Drunter und drüber. Oder Umweltschutz im Mittelmeer 136
   MS CHINA – Frühjahr 2012 143
Ho-Chi-Minh Stadt oder: Fischers Fritzen 143
   MS CHINA – Das Schiff 152
   MS CHINA »The Captain always carries the can!« 154
   MS CHINA 159
Die besten Kapitäne sitzen an Land 159
   MS GERMANY – Sommer 2012 162
Festkommen im Suezkanal – kein Fest für die Beteiligten 162

MS GERMANY 168

Vier Grundrechenarten und viele Unbekannte 168

MS GERMANY – Winter 2013 177

Santos, Ärger schon am ersten Tag 177

MS GERMANY 186

Ins Krankenhaus in Paranagua 186

MS GERMANY 190

Wieder Santos, wieder Ärger 190

MS GERMANY – Herbst 2014 206

Lotsen oder: Gefahr im Anzug 206

MS GERMANY 220

Wenn ›Authorities‹ das letzte Wort haben 220

Farewell 238

Langweilig ist anders

Vorwort

Eine ganze Anzahl mehr oder weniger bekannter Kapitäne haben am Abend ihres Lebens die Geschichte ihrer Fahrenszeit zu Papier gebracht. Beeindruckende Erlebnisse auf See, die Gedanken und Gefühle der sturmerprobten Seeleute bewegten Millionen Leser. Gleichzeitig einen Bogen über die Zeiten spannend, sollen hier erwähnt werden: *Das abenteuerliche Leben des Jens Jacob Eschels aus Nieblum auf Föhr als Walfänger, Matrose, Kapitän und zuletzt als Reeder und Tabaksfabrikant in Altona*, herausgegeben von Ulla Leippe, Jens Jacob Eschels als Autor. Und: Stefan Krückens *Sturmwarnung. Das aufregende Leben von Kapitän Jürgen Schwandt. Auf See und in den Häfen.*

Blickt man heute in das Regal einer Buchhandlung, so stehen dort dicke Bildbände über Kreuzfahrtschiffe, Tanker und sogar über Containerschiffe. Wo aber sind die Berichte der Männer, die diese Schiffe befehligen? Es gibt zahllose Berichte von Sportbootfahrern, Skippern von Segelbooten, und sogar Passagiere von Kreuzfahrtschiffen veröffentlichen ihre nun wirklich überaus ›abenteuerlichen‹ Erlebnisse in Buchform, hier sei erwähnt: Heribert Fricke *Gespräche an der Reling*.

Wo sind die Erzählungen über Stürme und Gefahren, die Geschichten über Schiffe und Kameradschaft von Kapitänen aus heutigen Tagen? Gibt es in den Zeiten moderner

Containerschiffe, Satellitenkommunikation und GPS keine Erlebnisse, keine Begebenheiten und keine Bedrängnisse mehr, über die sich zu berichten lohnt?

Der Autor, Jahrgang 1955, fährt seit zweiundvierzig Jahren zur See, davon mehr als zwanzig Jahre als Kapitän. Er beschreibt Erlebnisse und Erfahrungen, Gedanken und Gefühle des Kapitäns eines modernen Containerschiffes, im Wortsinne erfahren in den 2010er Jahren. Man wird bei der Lektüre feststellen, dass es auch in unserer Zeit noch Unglaubliches zu berichten gibt. Noch immer kann man von Gefahren und Abenteuern erzählen – von Nöten und Zwängen, die sich nicht nur auf die Sturmfahrt beschränken. Sie sind eingeladen, einen Blick in eine, den meisten Menschen völlig unbekannte Welt zu werfen. Begegnen Sie einem – und das ist kein Widerspruch – weltumspannenden Mikro-Kosmos, wie Sie ihn bestimmt nicht erwartet haben.

Mit diesem Bändchen will der Verfasser auf unterhaltsame Weise das Arbeiten und Leben heutiger Seeleute in gedruckter Form ehren.

Auf See, November 2016

MS SEOUL – Sommer 2010

Abfahrt und Ankunft – Fortgehen und Ankommen

Frankfurt am Main bis Marsaxlokk – 1.652 km.

Nicht nur Stürme und Piraten machen dem Seemann das Leben schwer, auch die Lufthansa bemüht sich nach Kräften.

Es beginnt immer mit dem Kofferpacken. Und immer wieder fällt es schwer, sich daheim von der Familie zu verabschieden.

Auf Reisen zu gehen, bedeutet für einen Seemann, für vier, sechs, neun Monate, manchmal für ein ganzes Jahr unterwegs sein. In den ersten zehn Jahren meiner Fahrenszeit habe ich immer gedacht, wenn man älter wird, werde das Abschiednehmen leichter fallen. Wenn die Kinder aus dem Haus seien, so die Annahme, werde die Trennung nicht mehr so schwerfallen.

Ein Irrtum.

Jeder Abschied ist ein kleines Sterben. Für Seeleute ist dies eine gefühlte Wahrheit, die immer und immer wieder durchlebt wird. Wie viele Tränen sind geflossen, nicht nur bei meiner Frau und den Kindern. Aber immer heimlich, um den anderen den Abschied nicht noch schwerer zu machen. Und das bleibt auch so, ein Leben lang.

Sehr selten habe ich ein Schiff in Deutschland übernommen. Meistens geht es von Frankfurt mit dem Flieger in alle Welt: nach Hong Kong, nach Pusan in Südkorea – oder wie heute nach Marsaxlokk auf Malta. Die Familie bringt mich zum Flugplatz. Eine kurze Umarmung auf dem Parkplatz vor dem großen Empfangsgebäude, dann werden die Frau und die Kinder ins Auto zurückgehuscht. Bloß keine lange Abschiedszeremonie!

In der riesigen Flughafenhalle steht man dann und braucht einige Minuten, um sich zu finden, obwohl man die Abflughalle seit Jahren kennt. Irgendwie ist das Sichtfeld verschwommen.

Man marschiert auf den bekannten Lufthansa- Check-in-Schalter zu, um sein Gepäck abzugeben. Man stellt sich brav an und irgendwann erreicht man den Eingang zum Labyrinth aus blauen Spannbändern und Chromposten. Ich bin nicht ich, sondern man. Irgendwie alles in Watte.

Ein weiblicher Zerberus bewacht den Eingang und fragt: »Haben Sie denn schon Ihr Flugticket am Automaten gezogen?«

Mir schwant Schlimmes. Wenn ich am Bahnautomaten einen Fahrschein lösen muss, verpasse ich unter Garantie den vorgesehenen Zug. »Nein, mein Ticket ist von meiner Firma geordert und liegt am Check-in-Schalter.«

»Es tut mir leid, mein Herr. Wir haben unsere Abläufe gestrafft.« Das sagt sie tatsächlich so, was auch immer da jetzt straffer sein soll. »Sie müssen sich erst Ihr Flugticket am Automaten holen, bevor Sie einchecken und Ihr Gepäck abgeben können.« Sie weist mit ausgestreckter Hand auf vier

Automaten, an denen sich schon vier nicht unerheblich lange Schlangen etwas verunsicherter Kunden der Lufthansa aufgereiht haben.

Ich mache also wieder kehrt, mit meinem Wagen und den vierzig Kilogramm Gepäck (so viel sind beim Seemanns-Ticket erlaubt). Durch die wartenden Menschen dränge ich mich mit meinem Wagen in die angewiesene Richtung.

Die Schlangen bewegen sich nur zögerlich vorwärts. Es ist nicht so einfach, seinen Platz zu behaupten. Schließlich stehen auch die anderen Lufthansa-Kunden mit ihrem Gepäckwagen vor dem Automaten. Meist ist das Geschiebe und Geschubse unabsichtlich, aber ab und zu versucht ein gestresster Lufthansa-Passagier sich ein paar Plätze weiter vorn in die Reihe einzuschmuggeln.

Schließlich ist es an mir, mich dem Automaten zu stellen. Ich habe schon aus der hinteren Position zu beobachten versucht, welche Handlungen vorzunehmen sind. Die erste Eingabe ist einfach: deutsche Flagge gleich deutsche Sprache. Ich drücke auf den Touchscreen. Ein neues Bild flackert auf und ich versuche, mich darauf zu orientieren. Als ich orientiert bin und anfange zu lesen, verschwindet die Bildschirmanzeige und die deutsche Flagge taucht wieder auf. Ich war nicht schnell genug. Wieder deutsche Flagge gedrückt und diesmal brauche ich mich nicht zu orientieren, ich weiß schon, wo ich anfangen muss zu lesen. Was meinen die damit, ob ich ein E-Ticket habe? Während ich noch nachdenke, verschwindet das Bild wieder. Noch mal die deutsche Flagge auf den Touchscreen gedrückt. Da, hier steht etwas von »Legen Sie Ihren Ausweis auf das Scanfeld«.

Okay. Wo ist das Scanfeld? Hier. Ausweis raus aus der Jackentasche. Geht nicht so schnell, weil Reißverschluss der Jackeninnentasche diebstahlsicher verschlossen.

Als ich den Ausweis in der Hand halte, leuchtet mir wieder die deutsche Flagge entgegen. Kein Problem. Jetzt weiß ich, wo ich zu drücken habe. Ausweis auf das vermutete Scanfeld gelegt. Nichts. Noch mal. Nichts. Hin und Her geschoben, hochkant gedreht. Nichts. Und wieder erscheint die deutsche Flagge. Ich drücke die deutsche Flagge wie gewohnt. Nichts passiert. Noch mal die deutsche Flagge berührt – wieder keinen Erfolg. Blöder Touchscreen, entweder sind meine Finger zu feucht oder zu trocken.

Auf meiner Stirn sammeln sich Schweißtropfen und die Leute hinter mir werden unruhig. Eine Dame in Lufthansa-Uniform mit gelbem Halstuch und ohne deutsche Sprachkenntnisse kommt mir zu Hilfe. Einerseits bin ich froh, andererseits habe ich doch ein deprimierendes Gefühl. Sehe ich schon so hilflos aus wie die Rentnerin vor dem Ticketautomaten auf dem Kasteler Bahnhof in Wiesbaden?

Die Lufthansa-Dame braucht keine deutschen Sprachkenntnisse, um in wenigen Augenblicken mein erforderliches Ticket gezogen zu haben. Hätte das nicht auch der oder die Lufthansa-Angestellte am Check-in-Schalter machen können? Für die Fachfrau eine Sache von dreißig Sekunden, ich habe alles in allem fast eine Stunde verloren.

Ich habe das Ticket in der Hand und stiefele nun wieder zum Check-in-Schalter, um mein Gepäck aufzugeben. In der knappen Stunde, die ich am Automaten mit Warten verbracht habe, hat sich die Schlange auf das Doppelte ausgedehnt, sowohl in der Länge als auch in der Breite. Ich fürchte um meinen Flieger. Ich beruhige mich mit dem Gedanken, dass bestimmt noch andere Passagiere unter Zeitdruck sind. Vielleicht heben die Flugzeuge ja nun planmäßig eine halbe Stunde später ab, um allen Passagieren Zeit für einen Einführungskurs in Sachen Automation der Kundenbetreuung zu geben?

Vor mir entbrennt ein Wortgefecht.

»Lassen Sie mich doch bitte hier in die Schlange! Meine Maschine geht in fünfundvierzig Minuten!«

Meine Maschine geht in dreißig. Aber ich kann mich auf die anderen Passagiere verlassen. Sie katapultieren den Eindringling lautstark an das Ende der Schlange. Alle haben Angst, ihr Flugzeug zu verpassen.

Schließlich habe ich das Gepäck am Check-in-Schalter abgegeben. 39,8 Kilo - zuhause optimal austariert! Im Schweinsgalopp hetze ich zum Abflug-Gate und erreiche meine Maschine auf den letzten Drücker.

Mein Gepäck nicht.

Maltas Flughafen ähnelt dem Frankfurter Airport wie das Schlauchboot des Nachbarjungen der QE2. Kein Airport Shuttle ist notwendig, um zur Abfertigungshalle zu gelangen, nach wenigen Schritten ist man dort. Die Anzahl der Terminals ist mit 1 übersichtlich. Schalter für Abflug und Ankunft befinden sich in einer Halle, kaum größer als der Warteraum einer Zahnarztpraxis für Kassenpatienten.

QE2. Abkürzung für QUEEN ELIZABETH 2, legendäres britisches Passagierschiff, ehemaliges Flaggschiff der britischen Reederei Cunard Line.

›Klein‹ hat seine Vorteile. Die Wege sind kurz. Als nach einer Stunde meine Koffer noch immer nicht auf dem Gepäckband liegen, kann ich mir sicher sein, dass sie sich nicht mehr auf den Weg vom Flugzeug zur Ankunftshalle befinden. Man braucht sich nur am Gepäckband umzudrehen, zwei Schritte vorwärts zu gehen und man befindet sich vor dem Schalter, an dem man seine Gepäckverluste amtlich machen kann. Das Personal dort war schon eine ganze Weile mit Passagieren beschäftigt, die nicht so viel Geduld wie ich aufbrachten, um auf ihr Gepäck zu warten. Oder ihren Glauben an die Zuverlässigkeit der Lufthansa schon viel früher verloren hatten. Ohne dass ich überhaupt ein Wort sagen musste und mit einer in langen Jahren erworbenen Routine, drückt mir eine Flughafenangestellte ein Survival-Päckchen in die Hand. Der Inhalt: ein zu kurzes, aber gleichzeitig zu weites Unterhemd, eine Mini-Tube Zahnpasta, deren Inhalt bei sparsamer Verwendung für anderthalbmal Zähneputzen reicht, eine Zahnbürste, deren Qualität Dr. Best zum Weinen bringt, ein Schwämmchen zum Schuhe putzen (wie man mir auf Nachfrage erklärte), ein Kamm, der blutige Kratzspuren auf der Kopfhaut hinterlässt.

Und ein Minipäckchen Papiertaschentücher zum Abwischen der Tränen.

Ohne den geringsten Ausdruck einer auch noch so winzigen Anteilnahme erledigt die Service-Mitarbeiterin die erforderlichen Formalitäten, die mich wieder in den Besitz meines Gepäcks bringen sollen. Für den Bruchteil eines

Augenblicks fühle ich mich erleichtert, als mir zugesichert wird, dass mein Gepäck mit dem nächsten Flieger nach Malta kommt.

»Wenn das nicht länger als zwei, drei Stunden dauert, dann warte ich hier auf dem Flugplatz auf mein Gepäck!«

»Drei Stunden? Ihr Gepäck kommt mit dem nächsten Lufthansa-Flieger – morgen um dieselbe Zeit!«

Morgen um dieselbe Zeit sollte sich die gute MS SEOUL eigentlich schon auf dem Weg zum nächsten Hafen nach Damietta, Ägypten, befinden.

Es ist Feiertag in Malta und es gibt keine Möglichkeit, noch schnell eine Handvoll Dinge des täglichen Bedarfs einzukaufen. Alle einschlägigen Geschäfte, Kaufhäuser oder Supermärkte haben geschlossen. Werde ich also die nächsten Wochen mit einem zu kurzen Unterhemd und einer Mini-Tube Zahnpasta verbringen müssen? Zahnpasta ist kein Problem, die gibt's an Bord im Slopchest, einer Art Kantinenverkauf. Auch über Uniformhemden mache ich mir keine Sorgen. Kapitän Ka., den ich ablösen soll, ist mir zwar unbekannt, aber irgendwie werde ich schon in seine Uniform passen. Auch bin ich mir sicher, dass er mir ein paar Freizeithemden überlassen wird. Werde ich mir auch getragene Unterhosen oder Socken übereignen lassen müssen?

Zum Glück kommt es nicht so weit. Auch diesmal ist die Zeit der Fertigstellung des Schiffes von Charterers Seite viel zu optimistisch berechnet worden. Das Auslaufen verzögert sich um fast einen ganzen Tag. Glück für mich. Mit den Auslaufpapieren bringt der Agent meine vermissten Koffer.

Ich kann die freundlicherweise überlassenen, abgetragenen Sachen meines Vorgängers in die Putzlappenkiste stecken.

Charterer. Linien-Reederei, die ein Schiff für einen bestimmten Zeitraum oder für eine festgelegte Anzahl von Reisen von einem Schiffseigner mietet. In der Regel sorgt der Charterer für die Befrachtung des Schiffes, während gleichzeitig der Schiffseigner für die Bemannung des Schiffes, für die Ausrüstung, Ersatzteile und gegebenenfalls Reparaturen verantwortlich bleibt.

MS SEOUL

Kleine Geschenke erhalten die Freundschaft, weltweit

Von Malta bis Damietta – 905 sm.

Von Malta aus kommt die MS SEOUL nach 905 Seemeilen (Lotsenstation zu Lotsenstation), vor Damietta, wie im Fahrplan gefordert, um 12:00 Uhr an.

Statt, wie angekündigt, gleich in den Hafen zu kommen, gehen wir vor Anker. Der Lotse soll jetzt um 20:00 Uhr an Bord kommen. Doch dieser Herr lässt sich Zeit und so geht es erst 22:18 Uhr an die Pier. Keine Aufregung. Verzögerungen in diesem Zeitrahmen sind völlig im Bereich des Normalen.

Als Freundschaftsgeschenke gehen an die ägyptischen Behörden: dreißig Stangen Zigaretten (in Worten: dreißig Stangen, nicht Schachteln!).

Nach Damietta hat der Charterer noch einen zusätzlichen Hafen eingeschoben: Port-Said-Container-Terminal. Vierundzwanzig Stunden später verlässt das Schiff Damietta und versegelt die neunundvierzig Seemeilen bis zum Lotsen des Suez-Canal-Container-Terminal in Port Said, Ägypten.

Versegeln. Obwohl die heutigen Frachtschiffe mit Motorkraft angetrieben werden, bezeichnet man an Bord eine Fahrt zwischen zwei Punkten als ›Versegelung‹.

Zweieinhalb Stunden Warten auf den Lotsen, dann kommt der Ortskundige um 06:40 Uhr an Bord; das Schiff ist um

08:36 Uhr fest. Und achtundzwanzig Stangen Marlboro machen erneut ägyptische Behörden und Vorarbeiter glücklich.

Bereits sechs Stunden später geht das Schiff wieder hinaus aus dem Hafen und auf Reede vor Anker, um auf den Suezkanal-Transit zu warten. Die Wartezeit ist ungewiss. Vor ein paar Tagen hat ein auf Grund gelaufenes Schiff den Kanal blockiert und das Konvoi-System hat noch nicht zurück zum normalen Rhythmus gefunden.

Schließlich haben wir die Suezkanal-Transit-Reede in Port Said um 22:00 Uhr verlassen, kurz vor Mitternacht beginnt der Transit, der am nächsten Tag, nach siebzehn Stunden Kanalpassage beendet sein wird.

In Schifffahrtskreisen wird der Suezkanal auch häufig ›Marlboro-Channel‹ genannt. Jeder Bürger Ägyptens, dem es irgendwie gelingt, an Bord des Schiffes zu gelangen, erwartet ob dieser Geschicklichkeit eine Stange Marlboro.

Eingefordert werden die Zigaretten für erbrachte Dienstleistungen oder für noch zu erbringende Dienstleistungen; als Anerkennung für die staatliche Autorität, die durch die entsprechende Person repräsentiert wird; als Anerkennung für die Freundschaft, die einem entgegengebracht wird; als Schutzgeld, damit nichts geklaut wird; als Dankeschön dafür, dass behördlich organisierter Ärger unterbleibt – oder einfach, weil man einen ägyptischen Bruder hat, der in Deutschland lebt und das Land und die Deutschen insbesondere über alles liebt!

Unterm Strich steht also: Nicht Shell oder BP mit ihren hochviskosischen Ölen, schmieren das Getriebe des internationalen Seeverkehrs, sondern Marlboro, der Zigarettenhersteller.

Viskosität. Fließeigenschaft von Motoröl. Dickflüssige Schmieröle werden häufig als hochviskose Öle bezeichnet, dünnflüssige Öle demgegenüber als niedrigviskose.

Kleine Geschenke erhalten die Freundschaft.

Das ist überall in der Welt so. Inzwischen wohl auch in Deutschland, wie mir mehrere ausländische Kapitänskollegen glaubhaft versichern. Immer häufiger haben die Wasserschutzpolizisten, die zur Einklarierung an Bord kommen, ihre Zigaretten doch dummerweise in der Dienststelle liegen lassen. Höflich fragen sie dann den – immer nicht-deutschen – Kapitän, ob er nicht zufälligerweise Zigaretten da hätte. Natürlich bietet der Kapitän nicht eine einzelne Zigarette oder eine Schachtel Zigaretten an, eine ganze Stange macht die Hüter des deutschen Rechts glücklich. Aber vermutlich ist das auch nur eine Unterstellung meiner ausländischen Kollegen aus Neid ob unserer bestechungsfesten deutschen Gesetzeshüter.

Einklarierung. Abarbeitung behördlicher Formalitäten nach Ankunft in einem Hafen, meist durch Einwanderungsbehörde und/oder Polizei sowie Zoll. Der betriebene Aufwand ist von Land zu Land, von Wochentag zu Wochentag (sonntags!) und entsprechend der Tageszeit (nachts!) sehr unterschiedlich. Der personelle Aufwand reicht von keiner(!) behördlichen Person bis zu 18 Beamten, von einer(!) Seite unterschriebenes Papier bis zu 300 Seiten (einschließlich Unterschrift).
Mein ›ausuferndstes‹ Erlebnis waren 36 Beamte innerhalb von 24 Stunden bei einem Anlauf in Los Angeles, USA.

Im chinesischen Tianjin, einige Reisen vorher, kam ein hoher Zollbeamter an Bord und übergab mir ein Schreiben, in dem von den großen Erfolgen der Volksrepublik China im Kampf gegen die Korruption berichtet wurde. Am Ende des Schreibens wird dem Kapitän Haftstrafe angedroht, sollte er versuchen, chinesische Behördenvertreter zu bestechen. Nachdem der Zollbeamte meine Unterschrift für den Empfang des Schreibens erhalten hatte, forderte er, ohne mit der Wimper zu zucken, eine Stange Zigaretten für seine Mühe ein. Und schon wieder steckt man als Kapitän in der Klemme: Ist das etwa eine Falle?

Nach kurzem Zögern erhält auch dieser Zollbeamte von mir die geforderte Stange Zigaretten. Er empfindet diese Zigaretten nicht als Bestechung oder Korruption. Als chinesischer Beamte kann er erwarten, dass ihm Achtung entgegengebracht wird. Diese immaterielle Wertachtung ist für den chinesischen Beamten physikalisch messbar: Sie drückt sich aus in dem Wert einer Stange Zigaretten. Es gehört zu seinem Status dazu, wie der Pensionsanspruch für einen deutschen Beamten.

Die kleinen Geschenke, die in den verschiedenen Häfen den Agenten, Vorarbeitern und vor allem den Behörden dargebracht werden, nützen unter dem Strich am meisten dem Charterer, da jegliche Verzögerung des Schiffes im Fahrplan, an irgendeiner Stelle Geld kostet. Darum stellt in der Regel der Kapitän dem Charterer die anfallenden Kosten für die Freundschaftsgeschenke in Rechnung. Es kommt vor, dass der Charterer damit aber nichts zu tun haben will und im Charter-Vertrag vereinbart, dass der Schiffseigner die entsprechenden Kosten trägt. Die Reederei übernimmt das ohne zu murren, denn auch die Reederei ist an einem ungestörten Hafenablauf interessiert. Sollte das Schiff wegen *unfreundlichem* Verhalten der Behörden für einige Stunden festgehalten werden, fliegt das Schiff für diese Zeit aus der Charter und die Reederei erhält kein Geld. Der Schaden für eine Stunde Off-Hire ist so groß, dass die Kosten für Zigaretten dagegen - wie sagte ein bekannter Banker? - nur ›Peanuts‹ sind.

Off-Hire. Zeit, die das Schiff dem Charterer nicht zur Verfügung steht und der demzufolge auch nicht bezahlt.

MS SEOUL – Das Schiff

Details MS SEOUL

Gebaut: Samsung Werft, Koje in Südkorea, 2000

Länge über alles: 277,28 m

Breite: 40 m

Sommer-Tiefgang: 14,03 m

Höhe Kiel bis Mast: 60 m

Bruttoregistertonnen: 66.289

Container-Kapazität: 5.752 TEU, 656 Reefer-Container-Anschlüsse

Bunker-Kapazität: 8.773 m3

Ballast-Kapazität: 14.693 m3

Hauptmaschine: Samsung/MAN B&W Typ 12K90MC, 55.700KW (75.000 PS)

Generatoren: 3x 3.635 kW (3x 4.900 PS) und 1 Wellengenerator 2.100 kW (rund 2.800 PS)

Bugstrahlruder: 2.800 PS

Geschwindigkeit: 26 kn (48 km/h)

Man kann die Parameter auch anders beschreiben:

5.762 20-Fuß-Container in einer Reihe: 35,1 km

5.762 20-Fuß-Container übereinandergestaut: 15,0 km, die Flughöhe der Concorde

Deadweight 67.660 t: das Gewicht von 79.511 Fiat Puntos

Die zur Verfügung stehende Generatorleistung ist ausreichend für die Versorgung einer Stadt mit 200.000 Einwohnern.

Die Reeferkapazität von 656 Containern entspricht der Ladung eines mittleren Kühlschiffes.

Der Bunkerverbrauch von rund 240 Tonnen pro Tag bei voller Leistung entspricht dem Heizölverbrauch von 43.200 Haushalten in arktischen Gebieten für einen Tag.

Der Baupreis für dieses Schiff lag bei 60 Mio US-Dollar. Ein ungefähr gleich großes Passagierschiff kostet 300 bis 500 Mio US-Dollar.

Fazit: Die gute MS SEOUL ist kurz und fett, aber billig und schnell ...

Dieses Fazit gilt für den Sommer *und* den Winter. Sie werden sich gewiss fragen, warum der Tiefgang eines Schiffes im Sommer ein anderer ist als zu anderen Jahreszeiten. Nun, das ist leicht erklärt.

Sommer-Tiefgang. Der zulässige maximale Tiefgang eines Schiffes ist unter anderem abhängig vom Fahrtgebiet und von der Jahreszeit. Bei einem Schiff, das im Winter im Polargebiet navigiert, muss mit einer Vereisung des Decks und der Aufbauten gerechnet werden. Dieses mögliche zusätzliche Gewicht wird bei der Festlegung des maximal zulässigen Tiefgangs berücksichtigt.

TEU. Ein TEU, englische Abkürzung für Twenty Foot Equivalent Unit, also ein 20-Fuß-Standardcontainer; 20 Fuß gleich 6,096 Meter.

Foot. Englisches Längenmaß 1 feet (Singular für foot) gleich 30,48 Zentimeter.

Reeferkapazität. Anzahl der elektrischen Anschlüsse für den Transport von Kühlcontainern an Bord eines Containerschiffes.

MS SEOUL

Piraten bei Bab el Mandeb

Von Suez bis Bab el Mandeb – 1.221 sm.

Das Schiff ist dabei, die Straße von Bab el Mandeb (dem ›Tor der Tränen‹, wegen der Sklaven, die über diesen Weg nach Arabien transportiert wurden) zu passieren. Bab el Mandeb trennt das Rote Meer vom Golf von Aden. Wir sind nun im Piratengebiet.

So gut es geht, hat die Schiffsleitung Schiff und Besatzung auf diese Passage vorbereitet. Heute Vormittag gegen 11:00 Uhr wurde das Motorschiff QSM DUBAI von Piraten geentert und entführt. Knapp vierundzwanzig Stunden nach dem Überfall, morgen Vormittag gegen 10:00 Uhr, werden wir diese Stelle passieren.

Noch 2.767 Seemeilen bis Khor Fakkan in den Vereinigten Arabischen Emiraten, dazwischen anderthalb Tage Versegelung durch den Golf von Aden, dem Seegebiet mit den zur Zeit aktivsten und gefährlichsten Piraten.

In der Nacht sind wir Ohrenzeugen davon, wie das Containerschiff MAGELLAN STAR von Piraten besetzt wird. Deren Besatzung macht ihr Schiff manövrierunfähig. Die Seeräuber finden keine Möglichkeit, den Frachter nach Somalia zu verbringen. Nach ein paar Stunden verlassen die Piraten das Schiff, prompt taucht danach auch die Marine auf. Keine Verluste zu verzeichnen: nicht bei den Piraten und nicht bei der Marine. Achtzig Meilen weiter hat ein

Chemikalientanker nicht so viel Glück. Er wird von den Piraten besetzt und zur somalischen Küste entführt.

Es ist nicht immer einfach, die Bestimmung der Boote, Skiffs oder Dhaus klar zu unterscheiden. Wird das Boot, das der Ausguck gerade meldet, von einem Schmuggler, einem Fischer oder von Piraten gesteuert?

> **Skiff.** Stabiles, wenn auch schmales, leichtes Boot, durch den Einsatz mehrerer Außenbordmotoren sehr schnell.
>
> **Dhau.** Ursprünglicher Frachtensegler, vorrangig im arabischen Raum.

Und warum sollten Schmuggler bei Gelegenheit nicht einmal probieren, ob sie nicht auch ein unbewaffnetes Handelsschiff in ihre Gewalt bringen können? Warum sollten Piraten mangels lukrativerer Beute - sozusagen in ihrer Freizeit vom Piratenberuf - nicht mal ein paar Fische fangen?

Und warum sollte die Dhau neben ihrer Ladung nicht auch ein paar Schnellboote der Piraten samt Besatzung mit an Bord nehmen? Das vergrößert den Aktionsradius der Piratengruppe und wird der Besatzung der Dhau sicher nicht zum Schaden gereichen.

Zur sicheren Identifizierung von Piraten wird den Besatzungen von Handelsschiffen empfohlen, auf Leitern in den Booten zu achten. Werden Leitern gesichtet, handelt es sich mit Sicherheit um Piraten. Ein gefährlicher Vorschlag. Sollte man so lange warten, bis man die Leiter im Boot klar und deutlich sehen kann, dann dürfte das Skiff bereits so nahe heran sein, dass man mit dem eigenen behäbigen – im Wortsinne – Dick-Schiff dem zweiundzwanzig Knoten schnellen, wendigen Piratenboot nicht mehr entkommen kann.

Die Grenzen verschwimmen. Heute Fischer, Drogenschmuggler, übermorgen Pirat, bestimmt durch die jeweiligen Lebensumstände und günstige Gelegenheiten.

Übrigens relativiert Obiges auch die Aussagefähigkeit der von den Militärs herausgegebenen Statistiken zur Piratenbekämpfung. So wurde ein paar Jahre später, die unter meinem Kommando stehende MS GERMANY im Golf von Aden von Piraten angegriffen. Mehr als eine halbe Stunde bemühten sich drei mit bis zu sechs Personen besetzte Skiffs, der MS GERMANY den Weg abzuschneiden oder das Schiff zur Küste zu drängen. Von diesem unzweifelhaften Angriff, von den Booten und ihren Besatzungen machten wir Fotos. Und wir haben diese Attacke gemeldet. Wir haben bei den Militärs um Beistand ersucht, unter anderem bei der deutschen Fregatte AUGSBURG - allerdings erfolglos. Und nachdem wir glücklich die Besetzung des Schiffes verhindern konnten, haben wir die erforderlichen Berichte, einschließlich der Fotos, an die zuständigen Einsatzzentralen der im Golf von Aden stationierten Marinen geschickt. Trotzdem ging dieser Angriff gegen unser Schiff in keine Statistik ein.

Vielleicht, weil man auf den Fotos keinerlei Leitern erkennen kann.

Es gibt auch Beispiele, welche Aussagen der Militärs in ein günstiges Licht rücken. Als ›erfolgreich abgewehrt‹ floss in die Statistik der Angriff mehrerer piratengesteuerter Schnellboote an der omanischen Küste auf ein Passagierschiff, das durch ein deutsches Kriegsschiff geschützt wurde. Waren die Piraten blind, dass sie versuchten, sich mit einem bis an die Zähne bewaffneten Kriegsschiff mit 250 Mann Besatzung anzulegen? So dämlich kann man doch gar nicht sein ...

Für den Ortsunkundigen zur Erklärung. Zwischen den arabischen Emiraten im Westen und dem Iran im Osten des Persischen Golfs und ganz besonders in der Straße von Hormuz herrscht ein reger Fährverkehr. Nur wird dieser Fährverkehr mit Schnellbooten abgewickelt, durchaus ähnlich den Skiffs der Piraten. Man trifft häufig Gruppen von zehn, zwanzig bis sogar zu dreißig Booten an, die in eine der beiden Richtungen die Meerenge queren. Sie fahren mit hoher Geschwindigkeit – Zeit ist Geld – und machen keinerlei Anstalten, sich direkt dem Schiff zu nähern, das die Straße von Hormuz passiert. Sie fahren einfach vorbei. Ein normaler Fährbetrieb eben.

Ich fürchte, es wird ein paar feuchte Unterhosen gegeben haben, als das deutsche Kriegsschiff mit Salven über die Köpfe der Fährboots-Passagiere den ›Piratenangriff‹ zurückschlug. Dieser Vorfall ging in die Statistik ein. Das tadellose Verhalten der Besatzung der deutschen Fregatte wurde hervorgehoben.

Im ersten Halbjahr 2010 wurden im Golf von Aden 597 Seeleute von Piraten als Geiseln genommen. Am 30. Juni 2010 werden noch achtzehn Schiffe mit 360 Besatzungsmitgliedern von somalischen Piraten als Geiseln festgehalten, schreibt das Fachblatt ›Fairplay‹ Mitte Juli 2010.

MS SEOUL

Der Schiffs-TÜV: Werft in Hong Kong

Von Khor Fakkan bis Hong Kong – 4.836 sm.

Heutzutage muss ein Schiff spätestens aller fünf Jahre in die Werft. Zu Beginn meiner seemännischen Laufbahn betrug der Abstand zwischen den Wartungszeiten auf einer Werft höchstens zwei Jahre. Dann verlängerte sich der Zeitraum auf drei Jahre, inzwischen dauert es fünf Jahre bis das Schiff regulär wieder in eine Werft muss. Man denkt gegenwärtig darüber nach, das Intervall auf sieben Jahre zu verlängern.

In der modernen Containerschifffahrt versehen Containerschiffe ihren Dienst fünf Jahre lang, und zwar an 365 Tagen im Jahr. Zehntausende Seemeilen legt das Schiff in der Zeit zurück, zigtausende Betriebsstunden laufen Maschinen und Anlagen bevor die nächste Werftzeit ansteht. Da erscheint es nur folgerichtig, während der Werftzeit die schwer strapazierten Anlagen und Maschinen gründlich zu überholen.

Aber dem ist nicht so. Bei den meisten Reedereien überholt die Besatzung die Hauptmaschinen, die Hilfsdiesel und die anderen Anlagen in regelmäßigen Abständen – während des normalen Betriebes. Die Intervalle für diese Überholungen sind durch den jeweiligen Maschinenhersteller vorgeschrieben und werden durch ein computergestütztes PMS (Planned Maintenance System) von der Besatzung abgefragt. Zwischen den Werftzeiten (und im besonderen

Umfang während der Werftzeit) überprüft die Klassifikationsgesellschaft, eine Art TÜV für Schiffe, ob diese notwendigen Wartungsarbeiten ordnungsgemäß ausgeführt wurden. Mängel, so die Klassifikationsgesellschaft sie feststellt, müssen dann von der Werft ausgebessert werden. Das gibt keine Pluspunkte in der Personalakte der jeweils verantwortlichen Besatzungsmitglieder.

Während der Werftzeit sollen auch solche Schäden ausgebessert werden, welche die Kräfte und Möglichkeiten der Besatzung übersteigen, beispielsweise größere Beschädigungen der Schiffsaußenhaut. Und natürlich erhält das Schiff im Dock seinen neuen Anstrich, meistens allerdings nur der Schiffskörper. Deck und Aufbauten werden durch die Besatzung in Schuss gehalten. Die kürzeste reguläre Werftzeit, die ich mit einem Containerschiff verbracht habe, dauerte fünf Tage, die längste drei Wochen. Die lange Zeit im Dock von drei Wochen wurde durch eine außerplanmäßige Reparatur des Propeller hervorgerufen, nicht durch reguläre Arbeiten zur Erhaltung der Klasse.

Am Ende der Werftzeit erhält das Schiff durch die Klassifikationsgesellschaft seine ›Klasse‹, sozusagen die TÜV-Plakette, und damit die Fahrtberechtigung für die nächsten fünf Jahre.

Klassifikationsgesellschaft. Ähnlich dem TÜV, private Gesellschaft, die überprüft, dass staatlich vorgegebene Standards eingehalten werden, und diese Überprüfung bestätigt. Die wichtigsten Klassifikationsgesellschaften Klassen sind: American Bureau of Shipping (ABS, USA); Bureau Veritas (BV, Frankreich); DNV GL, entstanden aus Det Norske Veritas und Germanischer Lloyd, Norwegen/Deutschland; Lloyd's Register of Shipping (LRS, England); Nippon Kaiji Kyōkai (NK, Japan).

In der Regel ein Jahr vorher wirft die jeweils nächste Werftzeit ihren Schatten voraus. Dann wird vonseiten der Reederei abgefragt, welche Arbeiten aus Sicht der Besatzung in der Werft erledigt werden müssen. Immer wieder ist man so naiv und schreibt eine große Liste von Reparaturen und Wartungen, die aus der Sicht der Besatzung notwendig sind, um das Schiff für weitere fünf Jahre im sicheren Betrieb halten zu können.

Der Superintendent nimmt die Liste und streicht die Hälfte der für die Werft vorgesehenen Arbeiten. Die sollen zwar unverzüglich erledigt werden, aber an Bord durch die Besatzung. Die andere Hälfte geht erst mal durch und als Anfrage an die Werft. Die Werft schreibt hinter den geplanten Aufträgen ihre Preise und sendet die Liste wieder zurück an den Superintendenten. Der bekommt regelmäßig einen gewaltigen Schreck, wenn er einerseits auf das Angebot der Werft schaut und andererseits auf das ihm zur Verfügung stehende Budget; und wieder wird die Hälfte gestrichen. Der Rest, endlich, nennt sich dann Werft-Liste.

Superintendent. Zu Deutsch: Inspektor. Mitarbeiter im Büro der Reederei, der von Land aus für den technischen und wirtschaftlichen Betrieb des Schiffes verantwortlich zeichnet. Häufig wird das von Land aus anders interpretiert, aber der Superintendent ist kein direkter Vorgesetzter des Kapitäns.

Eigentlich würde man annehmen, dass die Arbeiten in der Werft anhand der Werft-Liste nun beginnen könnten. Aber nein, denn die Liste wird am ersten Arbeitstag in der Werft aktualisiert. Das geht so …

- *Punkt 47: Erneuerung der Bremsbänder der Anker.* Kann die Decksbesatzung erledigen. Die haben ja so gut wie nichts zu tun, während der Werftzeit.

- *Punkt 48: Auswechseln der hydraulischen Bedienelemente an den Winden.* Gestrichen, sind noch gut genug.

- *Punkt 49: Überholen der Sludge-Pumpe.* Macht die Maschinenbesatzung, die Leute kennen ja die Anlage und sind schnell damit fertig.

  Sludge. Ölschlamm, der nach dem letzten Klären und vor der Verbrennung des Schweröls in der Hauptmaschine anfällt.

- *Punkt 50: Überholen der Ventile der Heeling-Anlage.* Macht die Besatzung. Die dafür vorgesehenen finanziellen Mittel können dann anderswo eingesetzt werden.

Heeling. Automatische Ballastwasser-Pumpanlage zum Ausgleich von Schlagseite, hervorgerufen durch beispielsweise unsymmetrische Umschlagsarbeiten.

- *Punkt 51: Erneuerung der Fußbodenbelege in den Kammern.* Gestrichen. Die sind gut genug für weitere fünf Jahre.

- *Punkt 52: Wartung der Aussetzvorrichtung für die Rettungsboote, abnahmepflichtig durch die Klasse.* Wird gemacht.

- *Punkt 53: Erneuerung der verrotteten Niedergänge zu den Laderäumen.* Macht die Besatzung!

Und so geht es weiter.

Werftzeiten sind für die Besatzungen alles andere als angenehme Zeiten.

Viele Arbeiten können während des normalen Seebetriebes des Schiffes nicht ausgeführt werden. Das soll jetzt in der Werft erledigt werden, in nicht unerheblichen

Umfang auch durch die Besatzung, siehe die Bemerkungen zur Werft-Liste oben. Die Besatzung hat die durch die Werft durchgeführten Reparaturen abzunehmen, was nicht immer beim ersten Anlauf gelingt. Anschließend muss häufig die Besatzung diese Reparaturen der Klasse vorstellen, was auch nicht immer beim ersten Anlauf gelingt. Werftangehörige und die Besichtiger der Klassifikationsgesellschaft sind nicht vertraut mit den Örtlichkeiten auf dem Schiff und müssen durch die Besatzung zum Ort des Geschehens begleitet werden, um die notwendigen Abnahmen vornehmen zu können. In den meisten Fällen ist es notwendig, dass die Besatzungsmitglieder dann auch noch bei der Abnahme assistieren. Die Werft arbeitet mindestens in zwei, manchmal sogar in drei Schichten. Folglich: Anforderungen an die Besatzung rund um die Uhr.

Besichtiger. Im Englischen: Surveyor. Vertreter der Klassifikationsgesellschaft, der in Person die von den Gesetzgeber angeforderten Überprüfungen vornimmt.

Hinzu kommen massive Einschränkung der Lebensqualität. Nicht zu reden von dem andauernden Lärm und dem Kopfschmerzen verursachenden, ständigen Geruch der frischen Farbe. Die meiste Zeit in der Werft ist die Klimaanlage abgeschaltet. Bei der körperlich anstrengenden Arbeit können zwei Wochen Werftliegezeit dann recht lang werden. Am unangenehmsten wird es, wenn Arbeiten an der Abwasseranlage des Schiffes vorgenommen werden müssen. Dann geht es Treppe rauf, Treppe runter und dann einen halben Kilometer ins Werftgebäude zum Duschen und Zähneputzen. Auch für das große und kleine Geschäft muss man diesen Weg zurücklegen. So überlegt man es sich abends ganz genau, ob man ein Feierabendbier trinkt oder lieber darauf verzichtet, um nicht mitten in der Nacht mit drückender Blase einen Spaziergang durchs Werftgelände machen zu müssen.

Trotzdem gab es während dieser Werftliegezeit in Hong Kong, der Sonderverwaltungszone der Volksrepublik China, ein paar schöne Stunden, die uns normalerweise entgangen wären: das 4:1 gegen England und das 4:0 gegen Argentinien! Die Werft war so großzügig und hatte für uns sechs Deutsche einen Tisch in einem Hotel direkt vor der Großleinwand reserviert. Auf See hätten wir die Spiele bestenfalls über Kurzwelle auf der Deutschen Welle verfolgen können.

Ein weiterer Höhepunkt war die Einladung der Werft zum Essen für Kapitän, Ersten Offizier und Leitenden Ingenieur vonseiten der Besatzung, die Superintendents von der Reederei und für die Honoratioren der Werft. Wir drei Vertreter des Schiffes hatten natürlich in Uniform zu erscheinen, was dann auch gebührlich die Aufmerksamkeit aller Passanten, aber vorteilhafterweise auch der Kellner und Kellnerinnen auf sich zog. Zehn Gänge, jeder klein aber fein, kein Reis als Füllstoff. Aus einem Klumpen Teig bereitete der Koch am Tisch unter ausschließlicher Nutzung seiner Hände Nudeln in Spaghetti-Stärke zu. Super lecker.

Seither steht es für mich außer Zweifel, dass Marco Polo ›die Nudel‹ von China nach Italien eingeführt hat. Zumal die Herstellung der chinesischen Nudel der Herstellung eines Pizzabodens in einer italienischen Pizzeria ähnelt: Der Teig wird lang und ausgiebig in der Luft herumgewirbelt bis der

Pizzaboden dünn, respektive die chinesischen ›Spaghetti‹ lang sind.

Schweinefleisch in einer Art Aspik, gekocht oder gedünstet, aber kalt serviert, Hühnchen in verschiedenen Zubereitungen, Haifischflossen-Suppe, Nudelsuppe, Garnelen gebacken im Teigmantel, gebraten mit Knoblauch ... die Speisenfolge eines köstlichen Menüs.

Höhepunkt des Festessens war, selbstredend, die Pekingente, ja, die gibt es auch in Hong Kong. Die delikate, knusprige Haut mit Fett und nur ganz wenig Fleisch legt man sich auf eine untertassengroße Art Crêpe, dazu ein Streifchen Gurke und Lauch und eine Soße, die mich etwas an Pflaumenmus erinnert hat. Sehr delikat!

Das restliche Fleisch wurde von der Ente abgelöst und als Salat angerichtet.

Nach zwölf Tagen im Schwimmdock und 1,5 Millionen US-Dollar weniger auf dem Konto der Reederei verlässt das Schiff um 13:00 Uhr das Dock. Endlich. Und wie es im richtigen Leben nun mal so ist: Nach derart langer Pause und nach sehr gründlichem Service durch den Hersteller spielt die Hauptmaschine nicht mehr mit. Sie – im drastischen, aber treffenden Seemannsslang – pisst Schweröl und Kühlwasser. Deshalb muss der Reeder noch mal 12.000 US-Dollar für vier Schlepper und einem Extra-Lotsen obendrauf legen, um das Schiff dead auf eine Reede in Hong Kong zu verbringen.

Dead Ship. Von einen toten Schiff, nicht von einem Totenschiff, spricht man, wenn einem Schiff seine Hauptmaschine und vielleicht auch noch andere technische Anlagen nicht fürs Manövrieren zur Verfügung stehen. Als antriebsloser Kahn wird die MS SEOUL ausschließlich mit Schleppern bewegt.

Kurz nach Mitternacht haben unsere eigenen Ingenieure – und eben nicht der Service des Herstellers – die Maschine soweit wiederbelebt, dass sich der Propeller dreht. Als wir dann kurze Zeit später von der Reede ablaufen, verheimliche ich dem Lotsen und erst recht den Behörden, dass wir die Maschine nicht von der Brücke fahren, sondern sie nur vom Notfahrstand aus kontrollieren können.

Kaum ist der Lotse von Bord, leckt eine Pumpe erneut. Nun müssen sich die Ingenieure aber noch eine Stunde gedulden, bis das Schiff von der Ansteuerung nach Hong Kong frei ist. Auch am nächsten Tag bleibt die Maschine noch zwei Mal stehen, ein Mal geht das Licht aus. Da sind wir aber schon im freien Seeraum.

Ansteuerung. Ein mit betonnten Verkehrswegen und häufig mit Verkehrsüberwachung eingerichtetes Seegebiet vor einem Hafen.

Betonnung. Ausliegende Seezeichen (Bojen, Baken) zur Kennzeichnung eines Verkehrsweges, einer Gefahr für den Schiffsverkehr, eines Sperrgebietes oder ähnlichem.

Lecken. Slang, wohl abgeleitet von dem englischen Verb to leak, undicht sein.

Ein paar Stunden später hat sich alles stabilisiert und normalisiert, die Generatoren arbeiten zuverlässig, die Gefahr des schwarzen Lichts ist gebannt – und ich habe wieder Vertrauen zu ›meiner‹ Maschine.

MS SEOUL

Idle – Bummeln auf See

Von Hong Kong bis Yokohama – 1.660 sm.

Um nach der Werftliegezeit wieder in den Fahrplan zu kommen, haben wir für die 1.660 Seemeilen von Hong Kong, China, bis Yokohama, Japan, ganze acht Tage Zeit. Entweder fahren wir mit ungefähr acht Knoten (was für unser Schiff ›Ganz langsam‹ ist) bis Yokohama – inklusive einer erneuten Überholung der Hauptmaschine als Folge dieser Reise – oder wir werden ein paar Tage abbummeln müssen.

Idle. Englisch eigentlich ›faul sein‹. In der heutigen Seefahrt ein Ausdruck dafür, dass das Schiff keine Beschäftigung hat.

kn. Steht für das englische knot, Knoten. Maßeinheit der Schiffsgeschwindigkeit. 1 Knoten gleich 1,852 km/h.

sm. Maßeinheit für die Seemeile, der üblichen Längeneinheit auf See. Eine Seemeile gleich 1,852 km. Nebenbei bemerkt, ist die Seemeile kein willkürlich festgelegtes Streckenmass, wie zum Beispiel Meter, Meile oder Yard. Die Seemeile entspricht genau einer Bogenminute am Äquator und durch diesen direkten Bezug auf den Erdumfang erleichtert sie die astronomische Besteckrechnung.

In der Realität ist das natürlich keine Entweder-oder-Frage. Wir können nicht acht Tage sozusagen im Standgas fahren und einen übermäßigen Verschleiß der Hauptmaschine riskieren. Also fahren wir mit der in diesem Fall von der Reederei vorgegebenen geringst möglichen Belastung, um einerseits Treibstoff zu sparen und andererseits das Herz unseres Schiffes nicht zu schädigen.

Folglich driften wir ein paar Tage an der Ostküste Japans dahin, gemütlich, sanft schaukelnd in den Wellen des Stillen Ozeans, der glücklicherweise zu dieser Zeit seinem Namen gerecht wird. Das asiatische Gegenstück zum Golfstrom, der Kuro Shiro, befördert uns stündlich zwei Meilen näher an Yokohama heran, sodass wir sogar ein paar Tonnen Treibstoff zusätzlich sparen.

Nach den Anstrengungen in der Werft gibt es heute das Dankeschön-Grillen für die Besatzung. Unser philippinischer Koch hat sich wieder alle Mühe gegeben und es wird bestimmt niemanden geben, der zum Schluss nicht Bauchschmerzen hat. Es schmeckt nicht nur vorzüglich, auch optisch und akustisch hat sich der Koch ins Zeug gelegt. Kleine bildhauerische Kunstwerke aus Mohrrüben, Melonen und Radis und eine feine Stuckatur auf der Cremetorte peppen das Essen auf. Schließlich heizt unser Multitalent in der Kombüse auch noch die Stimmung mit Gitarre und Keyboard (haben wir extra in Hong Kong gekauft) und Gesang an.

Im Gegensatz zum an Land üblichen Image des ewig betrunkenen Seemanns ist Alkoholkonsum an Bord überaus reguliert. Renommierte Reedereien hatten den Genuss alkoholischer Getränke sogar schon zu Zeiten der großen Windjammer streng begrenzt. Bei uns an Bord sind auf hoher See, außerhalb irgendwelcher Territorialgewässer, 0,4 Promille das Limit. Innerhalb der Territorialgewässer und damit natürlich auch im Hafen gilt die Null. Das bei der Bundesmarine geschätzte sogenannte Einlaufbier ist auf Handelsschiffen heutzutage ein Tabu.

Und das wird kontrolliert. Einmal im Vierteljahr erhält der Kapitän eine E-Mail, worauf er ohne Verzug seine Offiziere und die diensthabenden Mannschaftsmitglieder auf der Brücke versammeln und im Kreis aufstellen lässt. Jeder der Anwesenden muss unter den Augen der anderen in die auch vom Straßenverkehr bekannte Tüte pusten. Der Kapitän ist, einer ungeschriebenen Regel nach, der Erste, der sich dieser Alkoholkontrolle unterzieht. Ungefähr einmal im Halbjahr, in einem vom Reederei-Büro willkürlich ausgewählten Hafen taucht eine Dopingschutz-Agentur auf und sammelt Urinproben der Offiziere und der diensthabenden Besatzungsmitglieder ein. Wie bei Leistungssportlern wird die Urinprobe unter Aufsicht abgegeben, in Probe A und B eingeteilt und versiegelt. Der Prüfer und der Proband bestätigen den ordnungsgemäßen Vorgang der Abgabe des Urins per Unterschrift. In diesem Falle wird nicht nur auf Alkohol, sondern auch auf Drogen getestet. In meinem Arbeitsvertrag ist festgelegt, dass ich mich mindestens einmal im Jahr einem Alkohol- und Drogentest unterziehen muss.

Betrachtet man in unserem Stauplan die Mengen von gefährlichen Gütern, die unser Schiff befördert, und bedenkt man die mehreren tausend Tonnen Schweröl, die das Schiff gebunkert hat, so erkennt man die Berechtigung solcher Maßnahmen an. Es muss sichergestellt sein, dass die Leute, die ein Schiff führen, nicht unter dem Einfluss von Alkohol und Drogen stehen.

Stauplan. Übersicht über die Position der Ladung, respektive die Verteilung der Ladung an Bord.

Auf der anderen Seite darf man nicht vergessen, dass unsere Besatzungsmitglieder zwischen vier und neun Monate an Bord bleiben. Sie verbringen überhaupt einen großen Teil ihres Lebens an Bord. Sie werden für ihre Arbeitszeit an Bord, nicht für die Freizeit bezahlt. Warum soll also der Erste Offizier, wenn er um 20:00 Uhr von der Wache kommt, nicht ein Glas Bier haben dürfen? Warum sollte es zum sonntäglichen Abendessen nicht ein Glas Wein geben?

Und während des Landgangs, zum Beispiel in Brasilien, nach Wochen und Monaten auf See ... werden unsere jungen Leute das strikte Alkoholverbot beachten? In den Bars und Restaurants in der Nähe des Hafens wird Caipirinha ausgeschenkt und nicht Buttermilch. Und wenn ein junger Mann eine heiße brasilianische Schönheit auf dem Schoß hat, wird in seiner Cola gewiss auch ein Schuss Rum sein. Ist das so verwerflich?

Wie verwerflich ist es, beim monatlichen Barbecue ein paar Bier zu trinken oder ein Whisky Cola? Um es klarzustellen, ich rede über die dienstfreien Besatzungsmitglieder. Nach meiner Erfahrung sollte man Besatzungsmitgliedern in ihrer Freizeit nicht in die Askese zwingen. Und darum gibt es bei mir an Bord zum Barbecue zwei Kästen Bier und eine Flasche Whisky oder Bacardi und zwei Flaschen Wein – für fünfundzwanzig Mann. In den zwanzig Jahren, die ich mit philippinischen Besatzungsmitgliedern zur See fahre, kann ich mich nur an zwei Ereignisse erinnern, bei denen es Probleme mit Filipinos gab, ausgelöst durch Alkohol. Mit osteuropäischen Besatzungsmitgliedern – aber, man muss es leider sagen, ganz besonders mit Besatzungsmitgliedern deutscher

Nationalität – gibt es häufiger Probleme. Es gehört zu den Aufgaben des Kapitäns, dafür zu sorgen, dass es nicht zu alkoholbedingten Aussetzern kommt. Keinesfalls darf der sichere Dienst an Bord in irgendeiner Weise gefährdet werden.

Filipinos. Umgangssprachlich an Bord für die philippinischen Seeleute. Überhaupt nicht rassistisch gemeint oder so aufgefasst. Das Äquivalent für deutsche Seeleute ist ›Germans‹.

Aus eigener Anschauung weiß ich, dass rigorose Verbote nichts bringen. Beim ersten Landgang stiefelt mancher Kollege dann schnurstracks in die nächstbeste Bar und trinkt bis zur Bewusstlosigkeit. Oder er kauft Alkohol an Land und bringt ihn heimlich an Bord. Und natürlich wird das Tröpfchen dann auch heimlich konsumiert. Gibt es kein striktes Alkoholverbot, weiß der Kapitän in der Regel, wer, wann, was und wie viel konsumiert und kann entsprechend Einfluss nehmen.

Und wie sieht es aus, wenn der Kapitän ein Alkoholproblem hat? Leider nicht ganz ausgeschlossen. In diesem Fall muss der Erste Offizier sich seiner Verantwortung für die Sicherheit von Schiff und Besatzung bewusst sein und gegebenenfalls die Reederei informieren. Ein Erster Offizier, der aus falsch verstandene Kameradschaft, seinen alkoholabhängigen Kapitän deckt und damit sein Schiff und die Besatzung gefährdet, hat von vornherein nicht die charakterlichen Eigenschaften, selbst Kapitän zu werden.

Betrunkene Kapitäne dürfen nicht das Kommando über ein Schiff ausüben. Das steht doch vollkommen außer Frage!

MS SEOUL

Japan, das Land der aufgehenden Sonne

Von Kobe via Kanmon Kayko nach Pusan – 428 sm.

Der Tokio-Bay-Lotse kommt um 10:46 Uhr Ortszeit an Bord, um uns bei der Navigation zum Liegeplatz zu unterstützen. Das Schiff ist fest um 13:30 Uhr.

Die Abfahrt war geplant für Mitternacht. Aber der Japaner ist überaus korrekt. Der Japaner hält sich eisern an den Plan. Mein Schiff bleibt selbst noch am Liegeplatz, als der Umschlag kurz nach 22:00 Uhr beendet ist. Sehr angenehm, diese Gelassenheit. Ohne Hektik und ohne über Umschlagarbeiter zu stolpern, können wir das Schiff für das Auslaufen vorbereiten. Pünktliche Abfahrt um 23:54 Uhr. Ziemlich genau zwei Stunden später geht der Tokio-Bay-Lotse von Bord. Weitere zwei Stunden quälen wir uns dann noch durch dichten Küstenverkehr – dann haben wir freie Fahrt.

Von Yokohama-Lotse bis Kobe, Japan, also zum Osaka-Bay-Lotsen, sind es 311 Seemeilen. Die bringen wir ganz gemütlich hinter uns, werden wir doch bei der Lotsenstation erst am nächsten Tag um 05:00 Uhr erwartet. Ab Mitternacht macht uns wieder der küstennahe Verkehr zu schaffen. Die Strecke, die man in der Osaka-Bay zum Liegeplatz hin zurücklegen muss, ist deutlich länger als die Passage in der Tokio-Bay.

Wir erleben einen fantastischen Sonnenaufgang. Das sind sie, diese Momente, die beinahe alles vergessen machen, was Ärger, Stress, Unzuverlässigkeit, defekte Maschinen oder vergessene Koffer auslösen. Wer einmal die blutrote Sonne über dem Pazifik hat aufgehen sehen, der kann sich die Inspiration für die Gestaltung der japanischen Nationalflagge vor Augen führen: So und nur so darf diese Flagge aussehen.

Um 08:12 Uhr sind wir in Kobe fest.

Eine Schicht später sind wir schon wieder unterwegs. Kurz vor 20:00 Uhr ist der Bay-Lotse von Bord und wir mühen uns noch zwei Stunden lang, keinen Coaster und kein Fischerboot umzufahren.

Coaster. Slang für Küstenmotorschiff.
Wohl vom englischen Wort Coast für Küste.

Die Ansammlungen der Fischerboote sind auch der Grund, warum ich für die bevorstehende Passage der japanischen Inlandsee zum Kanmon Kayko hin, einen Lotsen bestellt habe. Der Wetterbericht kündigt Nebel an. Obwohl ich mir durchaus zutraue, das Schiff bis zur Kanmon-Meerenge allein durch den Nebel zu navigieren, will ich kein unnötiges Risiko eingehen. Man hat nämlich bei einer Kollision mit japanischen Fischerbooten sehr schlechte Karten. Wegen der Vorliebe der Japaner für Nahrung aus dem Meer ist der Berufsstand des Fischers hoch angesehen. In der Bevölkerung wie vor Seeamtsgerichten: Fischer haben eine starke Lobby. Und das heißt unterm Strich für alle fremden Schiffe in den Fischerei-Zonen Japans, dass ein Einheimischer diesen Berufsstandes per se niemals Schuld an einer Kollision haben kann.

Um 10:00 Uhr kommt der Inlandsee-Lotse bei herrlichster Sicht – man kann dem Seewetterbericht auch nicht immer vertrauen – an Bord, um mich zum Kanmon Kayko hin zu beraten. Dort löst ihn ein Kollege ab, der mir während der Passage der Meerenge so einiges aus der Geschichte Shimonosekis erzählt. Er redet mit heller Begeisterung und ohne Unterlass. Seinem Alter nach zu urteilen hat er selbst 1905 im Russisch-Japanischen Krieg an der Versenkung der russischen Flotte teilgenommen. Vielleicht tue ich ihm ja auch unrecht und er ist noch nicht hundert Jahre alt, aber sein Kettenrauchen lässt ihn bestimmt zehn Jahre älter aussehen, als er wirklich ist.

Ein großer Teil der japanischen Lotsen ist sehr betagt. Ich habe immer Angst, diese Oldtimer ihrer Zunft schaffen es nicht mehr die Lotsenleiter hoch – aber die Kerle sind zäh. Und wer einmal in Japan als Lotse arbeitet, gibt den Job freiwillig nicht auf.

Die Lieblingsautomarke dieser Herren ist übrigens BMW. Und wer weiß, was ein deutsches Auto in Japan kostet, kann verstehen, warum erst der Sensenmann einen japanischen Lotsen daran hindert, das nächste Schiff in den Hafen zu bringen.

MS SEOUL

Südkorea: Glanzpunkte

Von Pusan bis Kwangyang – 87 sm.

Am frühen Abend haben wir die Korea Strait erreicht und sind fünf Stunden später beim Lotsen für Pusan, Südkorea, (häufig auch ›Busan‹ geschrieben). Die Strecke ›Lotse Kobe‹ bis ›Lotse Pusan‹ beträgt übrigens 430 Seemeilen. Kurz nach Mitternacht ist das Schiff in Pusan fest.

Unseren Aufenthalt nutzt unser Koch, um seinen Vorrat an Tomaten und Gurken aufzufüllen und für jene, die es so richtig scharf mögen, gibt es die koreanische Spezialität namens Kimchi. Außer scharf zu sein, soll Kimchi ja noch über eine Anzahl anderer Eigenschaften verfügen. Für eine deutsche Zunge jedoch ist in Südkorea hergestelltes Kimchi aber nur dreierlei: scharf, scharf, scharf.

Nach einem ganzen Tag im Hafen verlässt die MS SEOUL um 02:00 Uhr den Liegeplatz, entlässt eine Dreiviertelstunde später den Lotsen und segelt mal eben nur so um die Ecke zum nächsten Hafen: Kwangyang, ebenfalls Südkorea – 87 Seemeilen.

Knappe sechs Stunden benötigt der Kwangyang-Lotse, um uns zu einem Industriegebiet von der Fläche einer Großstadt und mit dem Charme eines Zementmischers zu bringen. Im Vergleich zu Kwangyang könnte das Atomkraftwerk Biblis A bei der Unesco durchaus den Status ›Weltkulturerbe‹ beantragen.

Keine acht Stunden dauerte der Aufenthalt an der Pier. Selbst wenn die Liegezeit länger gewesen wäre, Lust zum Landgang hat hier nie ein Besatzungsmitglied. Wasserwüste oder Industrieoase – wer will das schon?

Beim Verlassen dieser romantischen Heimeligkeit erzählt mir der Lotse, dass es unweit von Kwangyang ein deutsches Dorf gibt: Häuser in deutschem Baustil, deutsche Wurst, deutsches Brot und – natürlich - deutsches Bier. Eine Anzahl deutscher Männer mit koreanischen Ehefrauen hat es nach Südkorea gezogen, um dort den Ruhestand zu genießen. Offensichtlich fühlten sich diese Pensionäre noch nicht alt genug, um die Hände in den Schoß zu legen, sondern haben es in Südkorea mit ihrem deutschen Dorf zu einiger Berühmtheit gebracht.

Man trifft weltweit auf deutsche Spuren. Häufig waren unheilvolles Geltungsstreben, weltmachtpolitische Ambitionen oder die blanke Gier nach materiellem Gewinn Ausgangspunkte für deutsche Aktivität in der Weltgeschichte. Es gibt aber durchaus viele Dinge, an vielen Orten in der Welt, für die man als Deutscher gewiss Stolz empfinden kann: Die fleißigen Deutschen in Südkorea oder unsere Landsleute in Blumenau in Brasilien, sei es die Eisenbahn in Lomé, die seit hundert Jahren ihren Dienst versieht oder das Tsingtao-Bier, das sich inzwischen auf dem Weltmarkt etabliert hat. Ich habe Menschen in Argentinien getroffen, die deutsche Vorfahren hatten und jetzt einen wichtigen Beitrag zur politischen und ökonomischen Entwicklung Argentiniens leisten. Ich habe in Südafrika in einer deutschen Fleischerei eingekauft und in Hong Kong in einer deutschen Kneipe Bier getrunken.

Ja, wir Deutschen haben auch Positives in dieser Welt geschaffen.

Der Lotse verlässt das Schiff kurz vor 20:00 Uhr; vor meinem Schiff liegen 404 Seemeilen im Gelben Meer bis nach Yangshan.

MS SEOUL

Seeverkehrsrowdy

Von Kwangyang nach Yangshan – 404 sm.

Nach chinesischer Les- und Rechenart gehört Yangshan zu Shanghai, beides Volksrepublik China. Dass der Hafen Yangshan circa einhundert Kilometer – also durchaus vergleichbar mit der Distanz von Hamburg nach Bremerhaven – von Shanghai entfernt ist, stört keinen dieser Vereinfacher. Wenn man den Umschlag beider Häfen zusammenrechnet, wird Shanghai zu einem der drei größten und bald wahrscheinlich zum größten Hafen der Welt. Für solche Superlative kann man bei der Geografie ruhig etwas großzügiger sein.

Der Yangshan-Lotse kommt um 2:00 Uhr, Schiff ist fest um 03:48 Uhr. Nachmittags um 17:18 Uhr geht es wieder los – nach Ningbo, China, Provinz Zhèjiāng, auch wieder nur um die Ecke, 98 Seemeilen.

Der Ningbo-Lotse drängelt schon Stunden vorher über UKW, wir sollen unbedingt vor 23:00 Uhr an der Lotsenposition sein. Wir – ein Ausdruck aus dem Straßenverkehr trifft es – ›brettern‹ mit vollen Seeumdrehungen rücksichtslos durch Ansammlungen Dutzender chinesischer Fischer, benehmen uns wie Verkehrsrowdies, als wir über die Reede von Ningbo zur Ansteuerung hetzen.

Um 23:12 Uhr ist der Lotse an Bord. Weitere 45 Minuten später sind wir auf der Höhe unseres Liegeplatzes, nur um dort zu erfahren, dass in den nächsten anderthalb Stunden für uns keine Schlepper zur Verfügung stehen. Mit allen Mann auf den Manöverstationen warten wir also. Um 02:12 Uhr fest, Abfahrt zwölf Stunden später.

Bis nach Xiamen, China, Provinz Fujian, sind es 452 Seemeilen. Gut zu schaffen, um den Lotsen nach Fahrplan um 19:00 Uhr an Bord zu nehmen. Eine gute Stunde danach ist das Schiff in Xiamen fest, um 03:30 Uhr bereits wieder Leinen los und auf nach Chiwan, China in der Provinz Guangdong und Teil des Hafens Shenzhen. Kurz vor 05:00 Uhr ist der Lotse von Bord und wir nehmen die 294 Seemeilen nach Hong Kong in Angriff, als Zwischenstation auf unserem Weg nach Chiwan.

Eine Stunde nach Mitternacht kommen wieder die beiden Hong Kong-Lotsen an Bord, die uns durch ›Hong Kong Waters‹ nach Shenzhen geleiten. Dort verlassen sie im dicksten Getümmel von Küstenfrachtern, Booten, Fähren, Fischern und ausgehenden Hochseeschiffen unsere MS SEOUL. Wir müssen selbst sehen, wie wir in diesem Gewühl den Chiwan-Lotsen an Bord bekommen.

Übrigens wird auch hier an der Statistik gefeilt. Drei unabhängige Häfen, Chiwan, Shekou und Yantian, gehen zusammen in die Zahlenwerte ein, um den dann wirklich so genannten Hafen Shenzhen zu einem der weltgrößten zu machen.

Wir sind in Chiwan um 04:12 Uhr fest. Um 18:00 Uhr geht es weiter. Dann geht der Chiwan-Lotse von Bord und Hong Kong-Lotsen übernehmen das Schiff, nur um uns circa zwanzig Seemeilen weiter, gegen 21:00 Uhr, noch mal für zwei Stunden auf die Reede zu packen, weil unser Liegeplatz in Hong Kong noch nicht frei ist.

Schließlich sind wir um 00:36 Uhr in Hong Kong fest. Ausrüstung, Ersatzteile, Proviant für 8.300 US-Dollar, Besatzungswechsel und zwei Service-Ingenieure erwarten uns am Liegeplatz. Und auch eine Nachricht vom Charterer: Die SOEREN MAERSK hat noch circa zweihundert Container für uns, kommt aber erst morgen an. Also heißt es, um 07:00 Uhr abzulegen und einen Ankerplatz zu suchen. Da das Schiff komplett ausklariert ist, dürfen wir nur außerhalb ›Hong Kong Waters‹ ankern, rund vierundzwanzig Seemeilen – für die Meilenrechnung. Ankunft auf Reede um 09:30 Uhr. Der Nachweis der Ruhezeiten der Besatzung ist das Papier nicht wert, auf dem er gedruckt wird.

Ausklarieren. Behördliche Formalitäten für ein Schiff vor dem Verlassen des Hafens und dem Beginn der Seereise zum nächsten ausländischen Hafen. Mit viel weniger Umständen verbunden, als die Einklarierung.

Den Rest des Tages und eine ganze Nacht(!) Ruhe. Als wir am Mittwoch Mittag anfangen, den Anker zu hieven, kann man die Erholung der Besatzung an der spürbar besseren Laune der Jungs regelrecht messen.

Nach zwei Stunden ist das Schiff wieder in Hong Kong fest, und um Mitternacht ist Auslaufen, eine knappe Stunde später geht der Lotse von Bord. Wie üblich dauert es noch gute zwei Stunden, bis wir uns frei machen vom Verkehr an der Ansteuerung nach Hong Kong. Die Seereise zum nächsten Hafen beginnt.

MS SEOUL

Im Hafen – Chaos als Methode

Von Hong Kong nach Port Klang – 1.648 sm.

Es geht 1.648 Seemeilen wieder einmal nach Port Klang. Container nachlaschen und danach Reinschiff bestimmen die nächsten zwei Tage, dann kommt die Passage der Singapore Strait und schon sind wir vor Port Klang, Malaysia.

Laschen. Ausdruck für das Festzurren der Container.

Der Lotse wartet schon auf uns, es geht direkt an den Liegeplatz, fest ist das Schiff um 11:12 Uhr.

Wir kaufen in Port Klang für 950 US-Dollar Obst und Gemüse, Ketchup und Oyster-Sauce. 1.700 US-Dollar gehen drauf, um Zigaretten nachzubunkern – trotz staatlicher Anordnung waren unsere behördlichen Freunde und Helfer der Volksrepublik China nicht gerade bescheiden. In ein paar Tagen sind wir wieder im Suezkanal; wir wollen doch auch dort niemanden enttäuschen.

1.600 Moves sind angekündigt. Wir rechnen mit mindestens vierundzwanzig Stunden Aufenthalt. Irrtum, alles geht sehr schnell. Sechs Containerbrücken bearbeiten das Schiff, Fertigstellung bereits um 21:30 Uhr. Die Zeit am Liegeplatz hat nur ausgereicht, um Schweröl zu bunkern, 3.000 Tonnen. Wir müssen hinaus auf Reede, um Gasöl zu übernehmen.

Move. Ist natürlich Englisch und heißt eigentlich ›bewegen‹. Die Bewegung eines Containers von der Pier an Deck oder umgekehrt.

Um 23:30 Uhr werfen wir den Anker, aber die Bunkerbarge findet uns nicht. Wir haben den Tanker im Radar und rufen über UKW, aber niemand antwortet. Wir rufen den Agenten über Telefon; der hat schon Feierabend gemacht und geht nicht mehr ans Telefon. Wir rufen die Bunkerfirma an, erreichen nur den Anrufbeantworter. Auch zwei andere Nummern, die wir als Kontakte haben, erweisen sich als nutzlos.

Sicher, die Weltschifffahrt ist im Wesentlichen wohl organisiert. Bei der engmaschigen Verknüpfung der Verkehrsnetze und der Abhängigkeit der jeweiligen Volkswirtschaften von einer zuverlässigen Versorgung ist das auch unabdingbar. Jedoch findet man derlei chaotische Planung und Organisation in der internationalen Handelsschifffahrt nicht unbedingt selten. In der Welt der Schifffahrt arbeiten Menschen unterschiedlichster Nationalitäten eng zusammen. Wirklich, hier stoßen Welten aufeinander. Völlig unterschiedliche Prioritäten zum Verhältnis Leben und Arbeit. Der eine arbeitet gerade so viel, dass es zum Leben reicht. Der andere betrachtet die Arbeit als sein eigentliches Leben. Der dritte lässt sich selbst durch einen Feueralarm nicht davon abbringen, seine Chicken Wings mit Genuss zu verspeisen. Völlig unterschiedliche Auffassungen zur Pünktlichkeit. Für den einen sind fünfzehn Minuten Verspätung schon eine unzumutbare Unpünktlichkeit, bei dem anderen sind drei Stunden Toleranz nicht der Erwähnung wert. Der Vertreter der einen Welt verhängt 5.000 US-Dollar Strafe für einen falschen Buchstaben in der Besatzungsliste, in der anderen Welt führt es nicht zur Beunruhigung wenn ein ganzer Container fehlt, aber Panik bricht aus, wenn plötzlich ein Container zu viel da ist. Als ich mich einmal bei einem leitenden Angestellten eines großen Charterers über das dort herrschende Chaos beschwerte, zuckte dieser mit keiner Wimper: Chaos? Wir sind nur flexibel!

In sehr unterschiedlichem Ausmaß findet man Unordnung und Planlosigkeit überall, während uns die Bunkerbarge eben nicht findet. Ich nehme an, der Skipper und seine Mannschaft verdauen gerade die Chicken Wings.

Bunkerbarge. Kleinerer Tanker zur Versorgung von Schiffen mit Treibstoff.

Bunker. Bezeichnung für den Schiffstreibstoff, in der Regel Schweröl oder Diesel.

Dann stellt sich heraus, dass unser Schiff 1,5 Knoten macht, obwohl wir acht Kettenlängen gesteckt haben – wir verschleppen den Anker! Also noch mal Anker auf, einen neuen, hoffentlich besseren Ankerplatz suchen und diesmal zehn Längen zu Wasser bringen. Ob unserem Herumgeistern auf der Reede ist nun glücklicherweise die Tankerbesatzung auf uns aufmerksam geworden, kommt längsseits und um 03:00 Uhr beginnen wir, 150 Tonnen Gasöl zu bunkern.

Kettenlänge. Eine Kettenlänge hat circa 27 Meter. Im Normalfall ist jeder Anker mit zwölf oder dreizehn Ketten(-längen) versehen.

Ankern. Es ist ein weitverbreiteter Irrtum zu glauben, dass der Anker das Schiff auf seiner Position auf einer Reede hält. Physikalisch gesehen, ist es eigentlich das Gewicht der ausgebrachten Kette.

Um 6:30 Uhr sind wir fertig und verlassen Südostasien, nächster Hafen Beirut.

MS SEOUL

Pläne werden gemacht, um sie – über Bord zu werfen

Von Port Klang nach Suez-Transit-Reede – 4.803 sm.

Denkste, der Charterer lässt sich auch nordgehend noch einen Ad-hoc-Call für Port Said einfallen. Also erst mal Suezkanal, dann Port Said und dann Beirut – das kommt aber später.

Ad-hoc-Call. Zusätzlicher Anlauf eines Hafens, der nicht im ursprünglichen Fahrplan vorgesehen ist.

Als wir von diesem zusätzlichen Hafenanlauf erfahren, befindet sich das Schiff zweihundert Seemeilen östlich der Insel Socotra, die zum Jemen gehört. Bis vor wenigen Jahren konnte man noch im Seehandbuch einen kulinarischen Hinweis finden: Warnung vor Kannibalismus!

Jetzt mahnt an dieser Position in meinen Seekarten ein dicker Bleistiftstrich aus einem anderen Grund: Hier beginnt das Piratengebiet am Horn von Afrika, später im Golf von Aden.

Die Insel Socotra haben wir auch diesmal, ohne Kannibalen zu begegnen, passiert und auch den Piraten waren wir entkommen. Allerdings ist uns die Hauptmaschine zweimal für jeweils eine halbe Stunde stehen geblieben. Das hat mir Schweißtropfen auf der Stirn und etwas weiche Knie beschert, wären wir als manövrierunfähiges Schiff doch eine sehr leichte Beute für die Piraten. Aber unsere Maschinisten fühlten sich durch den etwas – nennen wir es mal –

ungünstigen Schiffsstandort hoch motiviert und die Reparaturen wurden in Rekordzeit durchgeführt.

Eine Stunde vor Mitternacht beginnt der Ernst des Lebens: Zwischen Bohrinseln, Bohrinselversorgern und dem normalen Schiffs- und Fischereiverkehr geht es den Golf von Suez hinauf. Dann, um 05:12 Uhr, werfen wir Anker und die Behörden beglücken uns, um ihre Zigarettenration abzuholen: Suez-Canal-Inspector, Quarantine, Agent. Nach nur zwei Stunden vor Anker beginnt der Transit des Kanals. Das Gute bei dieser Passage ist, dass wir nicht im Bittersee ankern müssen.

Quarantine. Zu deutsch: Quarantäne. Zu den Einklarierung-Behörden gehört in der Regel auch ein Inspektor, der für Fragen der Gesundheit und der Hygiene verantwortlich zeichnet.

Bittersee. Ein natürlicher See, den der Suezkanal quert. Dieser See wird als Umgehung (engl.: Bypass) genutzt: die Schiffe des nordgehenden Konvois gehen hier vor Anker, um die entgegenkommenden Seefahrzeuge des südwärts fahrenden Konvoi ungehindert vorbei fahren zu lassen. Oder umgekehrt.

Die schlechte Nachricht ist, dass wir das letzte Schiff im Konvoi sind. Vor uns ein Tanker. Erst wird der von einem Schlepper begleitet. Aber der Schlepper der Suez-Kanal-Behörde kann die, für seine Schlepper-Verhältnisse offensichtlich enorme Geschwindigkeit des Tankers von 8,5 Knoten nicht mithalten und fällt zurück. Nun müssen wir einen Sicherheitsabstand von 35 Minuten einhalten. Eine Stunde lang quälen wir uns mit ›Stopp‹, ›Ganz langsam‹ und Bugstrahlruder fast auf der Stelle, bis der Tanker endlich sieben Seemeilen voraus ist.

Auch bei diesem Ad-hoc-Call für Port Said sind zu unserem Pech erneut alle Liegeplätze besetzt und so müssen wir am Suez-Canal-Container-Terminal erst mal vorbeifahren. Wir verlassen um 19:48 Uhr den Suezkanal und gehen vor Anker.

Freitag, den 13.(!) um 8:00 Uhr wieder Anker auf, noch eine Weile auf der Stelle getreten, bis wir eine Stunde später die Erlaubnis erhalten, wieder in den Suezkanal einzusteuern und zum Suez-Canal-Container-Terminal zu laufen.

Pünktlich zum Mittagessen sind wir fest und nachdem vierundzwanzig Stangen Marlboro ihre glücklichen neuen Besitzer gefunden haben, beginnt auch der Umschlag. In aller Frühe heißt es Leinen los und das Schiff nimmt Kurs auf Beirut im Libanon, 230 Seemeilen liegen vor uns.

MS SEOUL

Besuch an Bord im Mittelmeer

Von Beirut bis Malta – 1.041 sm.

Auch in Beirut sind die Liegeplätze belegt und erneut gehen wir vor Anker – adieu Fahrplan! Am späten Sonntagnachmittag gehen wir Anker auf und sind genau zwei Stunden später fest an der Pier.

Vor einiger Zeit war ich schon einmal mit dem Schiff in Beirut. Wir kamen an die Pier, nachdem nur wenige Wochen vorher eine Welle von Gewalt über die Stadt hinweg gezogen war. Ich hielt die Stadt für gefährlich und gewährte meiner Besatzung keinen Landgang. Auf diese Maßnahme reagierten die Behörden bei der Einklarierung des Schiffes ausgesprochen beleidigt. Beirut sei eine sichere Stadt, sagten sie. Es ist kein Geheimnis, meinten die Beamten, dass es in einem kleinen Teil der Stadt Kämpfe gibt. Aber das sind klar abgegrenzte Gebiete und dort braucht man doch nicht hingehen. Abseits dieser Kampfgebiete sei die Stadt absolut sicher: eine einladende Stadt, zum Einkaufen, zum Bummeln und bekannt für ihre gute Küche.

Die Vertreter der Hafenbehörden fühlten sich verletzt, ohne jeden Zweifel, das Gefühl war echt. Ich sicherte ihnen zu, beim nächsten Anlauf Landgang zu gewähren. Was ich dann und in der Folge immer wieder auch tat. Ich kann mich an wunderschöne Ausflüge in die Stadt und die Umgebung erinnern. Ich machte mich ein wenig bekannt mit der sechstausendjährigen Geschichte der Stadt und ich bewunderte die abwechslungsreiche Natur. Im Winter liegt man bei relativ angenehmen Temperaturen im Hafen und bestaunt von dort aus die schneebedeckten Gipfel der umgebenden Berge. Wie man mir versicherte, gebe es dort auch attraktive Abfahrtspisten. Morgens zum Slalom in die Berge und nachmittags zum Sonnen an den Strand. Wo hat man das schon?

Natürlich genoss ich auch die libanesische Küche, von der Könige und Kaiser begeistert waren; sie ließen sich von libanesischen Leibköchen bekochen.

Am meisten haben mich die freundlichen Menschen beeindruckt. Sobald sie in einem den Fremden erkennen, winken sie freundlich sogar von der anderen Straßenseite. Überall ist man herzlich willkommen. Man fühlt sich wohl in Beirut.

Regelrecht entsetzt war ich zu lesen, dass die Gegend rund um Beirut in tausend Jahren nicht länger als zwanzig Jahre Frieden am Stück erlebt hat. Es ist für mich einfach unbegreiflich, bar jeglicher Vernunft, dass solche freundlichen Menschen sich gegenseitig die Schädel einschlagen.

Am Montag um 15:30 Uhr Leinen los und anderthalb Stunden später sind wir mit Seeumdrehungen auf dem Weg in Richtung Malta, 1.041 Seemeilen.

Am Abend angekommen, liegt das Schiff für acht Stunden wieder einmal in Marsaxlokk, Malta. Und für den Kapitän die größte Freude: Frau und Tochter stehen an der Pier. Sie werden mich bis Neapel begleiten.

Wer weiß, dass Kinnie ein Nationalgetränk der Malteser ist? Es hat nichts mit dem irischen Kinny-Bier zu tun, wie ich dachte. Kinnie ist ein alkoholfreies, etwas bitteres, kräuterhaltiges Erfrischungsgetränk. Die Mädels haben es probiert und mochten es.

Das Auslaufen aus Malta geschieht bereits am frühen Freitagmorgen. Meine Mädels schlafen tief und verpassen die Lotsenabgabe um 04:12 Uhr.

Bei bestem Wetter machen wir uns auf die 754 Seemeilen bis nach Valencia, Spanien. Das Schiff ist mehr als zwei Tage dem ursprünglichen Fahrplan hinterher; darum hat der Charterer – zur großen Freude des Leitenden Ingenieurs – maximale Reisegeschwindigkeit geordert. Nun gut, anstelle der möglichen 94 drehen wir nur 90 Umdrehungen in der Minute – man will es ja nicht gleich übertreiben und einen erneuten Breakdown provozieren.

MS SEOUL

Das Kreuz mit der Kreuzfahrt

Von Valencia bis Barcelona – 169 sm.

In Valencia läuft alles wie am Schnürchen.

Am Samstag, kurz nach Mittag, ist das Schiff fest. Da es ja schon Wochenende ist, tauchen keine Behörden auf. Der Agent wickelt alle Formalitäten allein ab. Am Montag, wenn das Schiff den Hafen schon längst wieder verlassen hat, wird der Agent die Papiere auf den Ämtern abgeben.

Das Schiff sticht Sonntag am frühen Morgen wieder in See. Kurz nach Sonnenaufgang haben wir die Molen auslaufend passiert und nehmen die 169 Seemeilen bis Barcelona in Angriff.

Bei Kreuzfahrten stimmt der Plan immer, sonst drohen die gestressten Passagiere mit Klagen gegen die Kreuzfahrtreederei. Bei Frachtschiffen kommt dauernd irgendetwas dazwischen. Passagierschifffahrt hat also Vorrang vor Containerschifffahrt. Na klar, erstens führen Container keine Prozesse und zweitens hat selbst unsere Kühlladung eine höhere Lebenserwartung als die meisten Kreuzfahrtpassagiere.

Das alles ist gut zu wissen, um die Wirrnisse zu verstehen, die aus der Begegnung von Kreuzfahrt und Handelsschifffahrt erwachsen können. Wie es der Fahrplan verlangt, sind wir am späten Sonntagnachmittag auf der Lotsenposition vor Barcelona. Aber die Fahr-Planer unseres

Containerschiffs, in ihren Büros, weit entfernt von den Schifffahrtsstraßen dieser Welt, haben den Plan gemacht, ohne daran zu denken, dass gerade Hochsaison der Passagierschifffahrt im Mittelmeer angesagt ist. Die Hoteliers der Kreuzfahrtschiffe wollen ihren Kunden etwas bieten: Man läuft mit der untergehenden Sonne zwischen 17:30 Uhr und 19:00 Uhr aus. Barcelona liegt im rotgoldenen Schein der Abendsonne – und wir verpassen das Abendbrot.

Nachdem die Passagierschiffe, endlich!, ihre Nachtfahrt in Richtung Balearen, Genua und Neapel aufgenommen haben, bekommen auch wir einen Lotsen und sind fest, als es schon stockdunkel ist.

Der Koch, der Leitende Ingenieur und die Tochter des Kapitäns nutzen den Aufenthalt in Barcelona zum Besuch des Mercado Boqueria, eine Institution in Barcelona. Spanische Wurst, spanischer Käse, Oliven, eingelegtes Gemüse aus diesen Markthallen an den Ramblas bereichern unser abendliches Büfett. Zu den Backwaren lässt sich der Koch nicht überreden, das könne er selbst, sagt er. Aber Zutaten kauft er: Nüsse, Mandeln und Zitronat.

Nach knapp vierundzwanzig Stunden Aufenthalt verlässt das Schiff den Liegeplatz in Barcelona. Wieder müssen wir warten, bis die Kreuzfahrtschiffe in ihrer sogenannten Blauen Stunde den Hafen verlassen haben. Kurz vor Ablegen ordert uns der Charterer nach Genua, Italien: Fos-sur-Mer in Frankreich ist überfüllt. Barcelona bis Genua: 357 Seemeilen.

In Genua ist die Situation nicht sehr viel besser. Das Schiff geht am Abend vor Anker und erst einen Tag später am Nachmittag an die Pier.

Nun schreiben wir auch wieder einen Werktag und die Behörden kommen an Bord, was mich neun Stangen Zigaretten kostet, welche die Mannschaft vom italienischen Zoll verpafft oder gegen Bares unter die Leute bringt.

Später weist die Polizei mich darauf hin, dass die Besatzungsliste falsch ausgefüllt ist: Frau und Tochter des Kapitäns gelten als Passagiere, meinen die Beamten. Kann nicht sein, sage ich, schließlich bezahlen Passagiere für ihre Überfahrt, die Familie des Kapitäns aber nicht. Für zwei Stangen Zigaretten – damit sind wir bei elf Stangen an diesem Tag – ist die italienische Polizei bereit, meinen Fehler, so nennen sie es, durchgehen zu lassen.

Und noch eine Alltäglichkeit, über die man sicher schmunzeln kann, die aber die Besatzung in Bewegung hält: In allen europäischen Mittelmeerhäfen muss Abfall abgegeben werden. Muss. Selbstverständlich hat Umweltschutz die höchste Priorität – ganz besonders, wenn man das gegen Ausländer durchsetzen kann. Und wenn ein Mittelmeeranrainer eine entsprechende Regelung durchsetzt, kann das Nachbarland natürlich in nichts nachstehen. Aber bitte, fragen Sie nicht, wie es im Land selbst aussieht. Das Müllproblem, zum Beispiel in Neapel, ist ja schon legendär. In Genua, dem fünften Hafen in Folge mit Entsorgungspflicht, kommt die Müllabfuhr jeden Tag und verlangt unter Androhung von Strafe Abfallentsorgung. Uns geht der Müll aus und wir durchsuchen die Kammern nach

Abfall und schmeißen ein paar überalterte Akten weg. Die Abfallbeseitigung zur Sauberhaltung unserer europäischen Meere wird uns auch noch weiter beschäftigen. *(Lesen Sie weiter unten, im Kapitel über die MS GEMMA.)*

Die Produktivität in Genua ist nicht sehr hoch. Obwohl wir nicht sehr viel Moves haben, verlässt das Schiff erst am Abend des nächsten Tages den Hafen Genua in Richtung Fos-sur-Mer, wieder westwärts, 222 Seemeilen.

Das Wetter wird schlechter, ein starker Mistral bläst, als das Schiff am Freitagvormittag vor Anker geht. Laut Fahrplan hätte das Schiff zu diesem Zeitpunkt bereits in Malta sein sollen – und meine Mädels auf dem Weg zum Flughafen.

Die Reede ist beängstigend schmal, mehr und mehr Schiffe gehen dort vor Anker. Wir haben Sorgen, dass der Anker nicht trägt und das Schiff auf einen anderen Ankerlieger treibt. Die Maschine bleibt in Bereitschaft. Wir sind froh, als es nach zwei Tagen, am Sonntag lange vor dem Frühstück, an die Pier geht.

Ankerlieger. Schiff, das auf einer Reede geankert hat.

Auch die Mädels sind froh. Die Tochter hat Angst, dass sie wichtige Vorlesungen verpasst und die Gattin des Kapitäns glaubt wie immer, dass die Deutsche Bahn nicht fährt, wenn sie nicht pünktlich im Büro ist. Am Sonntagabend nehmen die Mädels einen Flieger von Marseille nach Frankfurt. Die Tochter wird mit Papas Auto am Montag 820 Kilometer nach Greifswald brettern – einen Tag muss die Universität auf das Mädchen verzichten. Aber die Deutsche Bahn ist gerettet: Die Frau des Kapitäns ist

Montag früh pünktlich auf der Arbeit. Vorstandsvorsitzender Rüdiger Grube wird erleichtert aufatmen.

Der starke Wind und die französische Mentalität verhindern zügiges Arbeiten und wir verlassen Fos-sur-Mer um 02:12 Uhr. Mit großem Bedauern muss ich als Kapitän akzeptieren, das zweihundert Container zurückgelassen werden, die Warteschlange der Schiffe auf Reede erlaubt kein weiteres Verweilen am Liegeplatz.

Wir sind dem Fahrplan fast eine Woche hinterher, und wenn wir nicht aufpassen, überholt uns noch das nächste Schiff unserer Linie. Aus diesem Grund streicht der Line-Manager erst den Anlauf von Neapel und schließlich auch noch Damietta.

Line-Manager. Leitender Mitarbeiter des Charterers, der mehrere Schiffe, die auf einer Linie verkehren, überwacht und organisiert.

Das Schiff geht 673 Seemeilen direkt von Fos-sur-Mer nach Malta.

In Malta ist Abfallentsorgung übrigens nicht Pflicht: Auf der Insel fällt aber eine ›Waste Generation Fee‹, eine Gebühr fürs Produzieren von Müll, in Höhe von 400 Euro an. Gibt man mindestens zwei Kubikmeter Müll ab, zahlt man nur 105 Euro. Also wieder die Kammern nach Abfall durchstöbern – zwei Kubikmeter sind eine ganze Menge.

Einen ganzen Tag lang macht das Schiff in Marsaxlokk fest. Am nächsten Abend erst begibt es sich auf den 931 Seemeilen langen Weg nach Port Said.

Dort die übliche Prozedur: Drei Stunden vor Anker, genügend Zigaretten bereit gelegt und um 21:06 Uhr beginnt unser Transit durch den Kanal. Achtzehn Stunden später, am nächsten Nachmittag haben wir es geschafft. Der Suezkanal liegt wieder einmal hinter uns.

MS SEOUL

Ablösung in Asien

Von Suez bis Khor Fakkan – 2.743 sm.

Khor Fakkan in den Vereinigten Arabischen Emiraten, die Ankunft ist um 12:30 Uhr, die Abfahrt dann einen Tag später. Bis nach Port Klang sind es immer noch 3.188 Seemeilen. In weiser Voraussicht habe ich in Khor Fakkan 200 Kartons Zigaretten gekauft. Der Preis hier beträgt knappe fünfzehn US-Dollar, in Hong Kong immerhin zwanzig US-Dollar. Tausend US-Dollar gespart! Reicht das für einen Winterreifen für den Porsche vom Reeder?

Dann wieder einmal Port Klang. Eine Stunde warten wir auf den Lotsen, aber um 15:36 Uhr ist das Schiff fest. Ein Besatzungswechsel steht an. Sieben Kollegen gehen, sieben kommen. Weiterhin neunzehn Mann Besatzung – Minimalbesatzung, die weltweite Krise hat unser Schiff fest im Griff.

Wieder wird frisches Obst und Gemüse eingekauft. Zigaretten haben wir ja genug.

Die Abfahrt in Port Klang erfolgt um 09:54 Uhr. Bis Hong Kong-Lotse, für den Transit nach Chiwan, sind es rund 1.660 Seemeilen. ETA Mitternacht.

ETA. Estimated time of arrival – voraussichtliche Ankunftszeit.

Den Hong Kong-Lotsen und später den Chiwan-Lotsen haben wir pünktlich genommen. In aller Herrgottsfrühe ist das Schiff in Chiwan fest. Am frühen Abend legen wir ab und zwei Stunden vor Mitternacht haben wir die Gewässer von Hong Kong verlassen, wieder mal auf dem Weg nach Yokohama.

Ankunft Yokohama ist um 19:30 Uhr, Abfahrt nächsten Morgen um 04:54 Uhr – die übliche Nachtaktion.

Als nächster Hafen folgt wieder einmal Kobe, 311 Seemeilen, Ankunft ist dort um 08:00 Uhr, Abfahrt um 14:42 Uhr.

Und erneut geht es durch Kanmon Kayko nach Pusan, 430 Seemeilen, Ankunft um 01:12 Uhr, Abfahrt am gleichen Tag, 15:42 Uhr. Alles Routine.

Eben, Routine. Man sieht es an den Daten und Strecken, an den Lotsen und den bekannten Häfen, dass vieles in meinem Beruf einfach nur Routine ist. Es klappt, es funktioniert, Container werden aufgenommen und abgeladen, die Mannschaft erweist sich als eingespielt. Es ist im Grunde genommen wie Vierzigtonnerdiesel-Fahren auf deutschen Autobahnen. Eben nur weltweit und auf dem Wasser und wahrscheinlich nicht so gefährlich! Und trotz der unvermeidlichen Wiederkehr der Ereignisse - niemals langweilig.

Pusan wird zum wichtigsten Hafen dieser Reise: Der Ablöser für den Kapitän steigt ein. Er war bisher Erster Offizier und ist zum Kapitän befördert worden. Er soll noch ein paar Tage mit dem alten Hasen zusammenfahren.

Wie auf der letzten Rundreise geht es wieder einmal um die Ecke herum, 87 Seemeilen nach Kwangyang. Der Kwangyang-Lotse kommt um 22:00 Uhr an Bord, das Schiff ist fest um 00:18 Uhr. Morgens um 06:42 Uhr wieder los.

Der Charterer sorgt für Abwechslung: Ein zusätzlicher Anlauf in Qingdao wird eingeschoben. Qingdao, ehemalige deutsche Kolonie Tsingtau, Austragungsort der olympischen Segelregatten 2008 und zunehmend beliebt auch für sein vermeintlich deutsches Getränk, das Tsingtao-Bier.

Unter Marinehistorikern ist Qingdao bekannt auch für ein Beispiel der Absurdität von militärischen Auseinandersetzungen. Im Frühsommer 1914 lagen das deutsche Ostasien-Kreuzergeschwader und das britische 4. Geschwader in der Bucht von Tsingtau. Man besuchte sich gegenseitig, veranstaltete Sportfeste, Segelregatten und feierte nicht nur einmal zusammen. Am 1. November 1914 trafen sich die Geschwader wieder – und dieselben Menschen lieferten sich bei Coronel vor der chilenischen Küste die erste Seeschlacht des Ersten Weltkrieges in Übersee.

Strecke Kwangyang – Qingdao 466 Seemeilen. Qingdao: fest um 13:30 Uhr, los um 20:30 Uhr. Dann macht sich das Schiff auf dem Weg nach Yangshan, 425 Seemeilen. Der Lotse ist für 22:30 Uhr bestellt.

Einer ungeschriebenen Regel zufolge wird der abzulösende Kapitän das Schiff in den Hafen bringen. Von dem Zeitpunkt an, an dem ›Alles fest‹ in das Schiffstagebuch geschrieben wird, geht die Kommandogewalt an den ablösenden Kapitän über.

Ich habe an Bord des MS SEOUL für diesen Einsatz mehr als viereinhalb Monate verbracht. Eingestiegen Mitte Mai, am Ende des Frühjahrs. Heim kommt der Kapitän . . . da leuchtet der Herbst in bunten Farben. Übrigens, geplant war der Einsatz nur für zweieinhalb Monate. Fehlerrate vierzig Prozent. Die Familie musste sich – nicht zum ersten Mal – in Geduld üben.

MS DENVER – Frühjahr 2011

Blinde Passagiere, Kapstadt

Von Frankfurt am Main bis Kapstadt – 9.429 km.

Als ich in Kapstadt zur Übernahme meines neuen Kommandos an Bord komme, hat mein Vorgänger gleich eine ›Überraschung‹ in petto: einen ›Blinden Passagier‹ – im Amtsdeutsch ›Überschmuggler‹ und im Englischen ›Stowaway‹ genannt.

Wie sich herausstellte, hatte sich dieser Stowaway in Durban an Bord geschmuggelt, drei Tage versteckt und war dann kurz vor dem Anlaufen des Hafens von Kapstadt aufgetaucht. Hunger und Durst hatten ihn dazu getrieben, sein Versteck zu verlassen. Glücklicherweise hatte der Stowaway Ausweis-Papiere mit sich. Deshalb war es relativ unkompliziert, den Blinden Passagier in Kapstadt an die Behörden zu übergeben. Ein Vertreter des P&I-Clubs (sozusagen die Haftpflichtversicherung des Schiffes) kam an Bord. Der P&I-Club wird alle Kosten übernehmen, die mit der Rückführung des Stowaway zusammenhängen. Deshalb hat er ein Interesse daran, dass der Vorgang so reibungslos und damit so kostengünstig wie möglich über die Bühne geht. Der rein praktische Teil, die physische Übergabe des ›Blinden‹ an die südafrikanische Polizei, brauchte eine halbe Stunde.

Obwohl das Schiff den Blinden Passagier relativ problemlos wieder losgeworden war, schlägt solch ein ›Bruch der Sicherheit des Schiffes‹ hohe Wellen. Für die Reederei kann so etwas teuer werden (ähnlich wie an Land, erhöhen die Versicherungen ihre Prämien, wenn sich solche ›Unfälle‹ häufen), Verzögerungen in der Reise des Schiffes führen zu Charter-Ausfällen.

Auch für die Besatzungen sind Stowaways nicht ungefährlich: Sie können ansteckende Krankheiten einschleppen oder, nach ihrer Entdeckung, gewalttätig werden. Mit meinen kleinen Filipinos hätte ich einem oder gar mehreren sogenannten ›Sudan-Negern‹ nichts Ebenbürtiges entgegenzusetzen. (Sorry für den offensichtlich abfälligen Ausdruck, aber so wurden die außerordentlich kräftigen Schwarzafrikaner, die für die schwere Arbeit auf den Baumwollplantagen besonders geeignet waren, bezeichnet.)

Die Flaggenstaaten der Schiffe haben umfangreiche Vorschriften erlassen, wie die Besatzungen das An-Bord-Kommen von Blinden Passagieren verhindern sollen. Wenn dann Stowaways an Bord gefunden werden, sind immer die Besatzungen schuld: Die Besatzung hat nicht verhindert, dass der Überschmuggler ungesehen an Bord gelangt ist oder hat vor dem Auslaufen das Schiff nicht gründlich genug durchsucht – oder beides.

Im Zusammenhang mit blinden Passagieren habe ich noch nicht einmal gehört, dass man dem jeweiligen Hafen des Landes eine Pflichtverletzung vorgeworfen hätte. Dabei sollte es doch eigentlich die Aufgabe des Hafens sein, dafür zu sorgen, dass Unbefugte das Hafengelände nicht betreten können. Bis heute gibt es kein internationales

Übereinkommen, das den Umgang mit Blinden Passagieren in den Hafenstaaten regelt. Es gibt keine international gültige Verpflichtung auch nur eines Staates, Blinde Passagiere von Bord des Seeschiffes zu lassen und zu übernehmen. Es ist überhaupt nicht ungewöhnlich, dass Überschmuggler Monate, sogar Jahre auf einem Schiff verbringen müssen.

Man hat uns, der Schiffsleitung, ganz schön auf die Füße getreten, weil der Blinde Passagier im Verhör angegeben hatte, dass er über die Gangway an Bord gelangt sei. Später fanden Besatzungsmitglieder einen Leer-Container, von dem das Siegel erbrochen war. In dem Container wurden Gegenstände sichergestellt, die daraufhin deuteten, dass der Blinde Passagier in diesem Container an Bord gehievt wurde. Zwar verklang die Kritik nicht ganz, wurde aber leiser. Man verlangt von der Crew, dass sie die geladenen Container kontrolliert, wozu die Matrosen aber nur stichprobenartig in der Lage sind. Von den drei Männern, die während einer Wache an Deck sind, steht einer ununterbrochen an der Gangway, um den Zugang zum Schiff zu kontrollieren. Die anderen beiden müssen den Umschlag überwachen (das Laschen der Ladung, die korrekte Stauposition, insbesondere von Spezial- und Gefahrgütern, die richtigen Temperaturen geladener Kühlcontainer) und die nautische Sicherheit des Schiffes - auch im Hafen - sicherstellen (Festmacherleinen kontrollieren, Brandrunden gehen, das Wetter im Auge behalten).

Knappe zwei Monate - eine Rundreise später - war das Schiff wieder in Durban.

Nach den schlechten Erfahrungen mit dem Stowaway auf der letzten Reise, hatte ich meine Besatzung ermahnt, diesmal besonders aufmerksam zu sein. Jeder einzelne wurde von mir aufgefordert, keinen Augenblick in seiner Wachsamkeit nachzulassen.

Trotzdem. Nachdem die erste Schicht Hafenarbeiter das Schiff verlassen hatte, vermissten wir einen Stevedore. Sechsundzwanzig Arbeiter waren an Bord gekommen, nach Zählung der Gangway-Wache nur fünfundzwanzig von Bord gegangen. Nun konnte der Matrose an der Gangway auch nicht genau sagen, ob es sich nur verzählt hat, oder ob tatsächlich ein Stevedore sich bei uns an Bord versteckt hat, um als Blinder Passagier Afrika den Rücken zu kehren.

Stevedores. Englischer Begriff für Hafenarbeiter.

Der Landgang wurde für die Besatzung gestrichen und alle Arbeiten an Bord gestoppt. Wir begannen das Schiff zu durchsuchen, mussten aber bald die Sinnlosigkeit unseres Unternehmens feststellen. Wer kann erkennen, ob der farbige Stevedore einem gegenüber tatsächlich ein Hafenarbeiter der nächsten Schicht oder ein potenzieller Stowaway ist?

Wir beschlossen das Schiff vor dem Auslaufen zu durchsuchen, dann, wenn keine Hafenarbeiter mehr an Bord sind. Zur Verstärkung bestellte ich ein ›Sondereinsatzkommando‹. Eine Gruppe Hunde, die für das Durchsuchen eines Schiffes trainiert sind, kam vor dem Auslaufen an Bord, um uns bei der Suche zu unterstützen.

Preis für diesen Service: 600 US-Dollar. Ich hoffte, dass die Hunde das Geld wert sein würden. Um es klar zu stellen:

Wir kauften die Hunde nicht, mieten diese nur für drei Stunden!

Das Dog- Search -Team war pünktlich um 02:00 Uhr, zur ursprünglich geplanten Auslaufzeit an Bord. Allerdings war das Schiff zu dieser Zeit noch nicht fertiggestellt; noch waren Hafenarbeiter an Bord. Der Ladungsumschlag wurde erst drei Stunden später beendet und zu dieser Zeit verließ dann auch der letzte Stevedore das Schiff.

Nachdem die Hafenarbeiter das Schiff verlassen haben, benötigt das Dog-Search-Team drei Stunden, um sicherzustellen, dass sich kein Blinder Passagier an Bord befindet. Die Suchhunde-Firma garantiert das.

Obwohl sich die dortigen Hafenbehörden sehr gut darüber im Klaren sind, dass der Hafen Durban ein Stowaway-Problem hat, ist der Beistand, den man den Schiffsbesatzungen gewährt, gleich null. Die Behörden verlangten, dass die gute MS DENVER sofort nach Beendigung des Umschlags den Hafen verlässt, da andere Schiffe seit langem auf den Liegeplatz warten. Als Kapitän ersuchte ich um drei Stunden Zeit, um das Schiff ordnungsgemäß durchsuchen zu können. Mein Begehren wurde strikt abgelehnt. Die Schwierigkeiten und Umstände, die Besatzungen und Reeder mit Überschmugglern aus Durban haben, lassen die dortigen Obrigkeiten unberührt. Nur meine nachdrückliche Drohung, den Flaggenstaat der MS DENVER zu informieren (und damit die maritime Öffentlichkeit) und auf diese Weise offen zulegen, dass der Hafen Durban seinen Verpflichtungen, den Zugang zum Hafen und zu den dort befindlichen Schiffen zu schützen nicht nachkommt, verhalf zu einem Einlenken. Besonders die US-amerikanischen Dienststellen reagieren sehr empfindlich, wenn ein Hafen, aus dem Güter in die USA gelangen, nicht ›ISPS-compliant‹ (Internationalen Sicherheitsregeln folgend) ist.

Die Behörden gaben uns nun anderthalb Stunden, für die Durchsuchung des Schiffes. Wir schickten die Hunde (und ihre Führer) um 04:00 Uhr auf die Suche. Erst wurden Aufbauten und die Maschinenräume, zu denen Bordfremde normalerweise keinen Zugang haben, durchsucht. Dann ging es in jene Laderäume, in denen keine Hafenarbeiter zugange gewesen waren. Und nachdem keine bordfremden Personen mehr an Bord waren, wurde das restliche Schiff kontrolliert.

Übrigens sind die Suchhunde keine furchteinflößenden Schäferhunde oder ähnliches, sondern kleine Hunde, vielleicht eine Art Terrier, die in jede Ecke des Laderaums und sogar unter die Container krochen. - Sympathische Tiere!

Es wurde kein blinder Passagier gefunden. Trotzdem glaube ich, dass die 600 US-Dollar für die Hunde Staffel gut angelegt waren. Ich hoffe nur, für die Hunde fällt von dem Batzen Geld auch ein recht fleischiger Knochen ab.

MS DENVER

Wind im Hafen, Kapstadt

Von Kapstadt bis Port Louis – 2.345 sm.

Das Schiff hat länger als drei Tage in Kapstadt gelegen. Über mehrere Tage blies der Wind orkanartig. Über dem Schiff ein strahlend blauer Himmel, aber Windstärken bis zu 55 Knoten verhinderten den Umschlag. Die Besatzung musste zusätzliche Leinen ausbringen, um das Schiff an der Pier zu halten.

Lässt man die Unannehmlichkeiten unbeachtet, die der Wind mit sich brachte, konnte man vom Liegeplatz aus ein einmaliges Naturschauspiel beobachten. Auf der dem Wind zugewandten Seite des Tafelbergs, schoben sich die Wolken herauf, um sich an der abfallenden Seite wie ein Wasserfall aufzulösen. Je dicker die Wolkenkappe auf dem Tafelberg war, umso stärker blies der Wind.

Ein Teil des Hafens ist durch den Tafelberg vor Wind geschützt. Während die Mannschaften im Containerhafen alle Hände voll zu tun hatten, ihr Schiff längsseits der Pier zu sichern, kräuselten sich im Ölhafen kaum die Wellen und im Jachthafen bewegte sich kein einziger Mast.

In Kapstadt braucht man keinen Wetterbericht, man sieht sich die Wolken auf dem Tafelberg an und weiß wie das Wetter wird.

In drei Tagen an der Pier wurden ›nur‹ 670 Container gelöscht (10.228 Tonnen) und 645 Container geladen (5.736 Tonnen). Abends um 20:00 Uhr dann die Abfahrt nach Port Louis, 2.345 Seemeilen.

MS DENVER

Betriebswirtschaft, Port Louis

Von Port Louis nach Tanjung Pelepas – 3.420 sm.

Ankunft in Port Louis auf Mauritius zur Abendbrotzeit.

Man erwartete nicht viel Ladung, aber es gab ein paar Super Cooler: Kühlcontainer, die auf minus 60 bis minus 80 Grad Celsius heruntergekühlt werden und besondere Beobachtung verlangen. In diesem Container wird Thunfisch (in unserem Fall ›Yellow Fin‹) transportiert. Ein Container mit, sagen wir, dreiundzwanzig Tonnen Thunfisch in Sushi-Qualität stellt einen erheblichen Wert dar und bringt für den Charterer gute Einnahmen.

Alles in allem vierzig Container gelöscht und nur 245 Boxen geladen.

Abfahrt von Port Louis kurz nach Mitternacht.

Das Schiff begibt sich auf die Reise nach Tanjung Pelepas, Malaysia. Auch dieser Charterer lässt das Schiff mit Slow Steaming fahren. So verbraucht die Maschine am Tag nur um die sechzig Tonnen Treibstoff (zurzeit 480 US-Dollar die Tonne). Bei voller Fahrt würden die MS DENVER über 200 Tonnen verbrauchen.

MS DENVER

Ansteuerung Tanjung Pelepas

Von Tanjung Pelepas nach Hong Kong – 1.492 sm.

Nach zwölf Seetagen von Mauritius her, waren wir am Donnerstag in Tanjung Pelepas, Malaysia angekommen.

Auf dem Weg zur Lotsenstation hat man das Fahrwasser des westwärts gerichteten Schiffsverkehrs der Singapur Straße zu kreuzen. Das ist immer spannend.

Man muss auf eine einigermaßen große Lücke im Schiffsverkehr warten, um dann mittels eines Zwischenspurts schnell auf die andere Seite zu wechseln. Es erinnert ein bisschen an den Versuch, eine Autobahn zu überqueren.

Auf der anderen Seite des Fahrwassers befindet sich die Reede von Singapur, mit Hunderten Schiffen, Bohrinseln und Verarbeitungsplattformen vor Anker. Bereits vor dem Kreuzen muss man nach einer Lücke zwischen den Ankerliegern Ausschau halten, die genug Auslauf hergibt, um das eigene Schiff aufzustoppen. Nach nur zwei Meilen erreicht man die Lotsenposition, und da muss die Fahrt aus dem Schiff sein, um den Lotsen sicher an Bord zu bekommen. Wenn man Pech hat, ist der Lotse noch nicht an der Position und man muss das Schiff so gut es geht, gegen den Strom positionieren und sich gleichzeitig von den Ankerliegern freihalten.

Ausreichend Platz ist also wichtig!

Tipp: Man sollte vorher keinen Kaffee trinken, denn es wird sowieso aufregend und der Blutdruck kommt ganz von allein auf Touren.

Mit ein paar Schweißtropfen auf der Stirn hat es auch diesmal wieder geklappt. Na ja, es klappt ja (fast) immer.

Dreizehn Stunden Aufenthalt für 386 Container von Bord und im Gegenzug, 464 Container an Bord zu laden. Zwei der Blechkisten konnte der Hafen nicht finden. Eine Ordnung, wie bei Hempels unterm Sofa!

An mehreren Leer-Containern waren die Türen nicht geschlossen. Nach dem Zwischenfall mit dem blinden Passagier in Südafrika achteten wir nun besonders darauf. Nur half uns das nicht. Trotz wiederholter Proteste und der Drohung, nicht auszulaufen, haben die Stauer die Türen nicht geschlossen und schließlich und endlich gab ich klein bei und bin doch ausgelaufen. Das nächste Schiff für unseren Liegeplatz, die CHARLOTTE MAERSK, war schon im Fahrwasser der Ansteuerung. So blieben die Türen für den nächsten Reiseabschnitt eben offen: Meine Jungs schicke ich grundsätzlich nicht in die fünfte Lage an Deck hoch.

Sollte sich wieder ein blinder Passagier an Bord einfinden, wird man uns - und nicht die Umschlagfirma - ordentlich Maß nehmen. Aber es sind mir keine Fälle von Stowaways aus Malaysia bekannt.

Am Abend, kurz vor dem Auslaufen, gab es dann noch eine böse Überraschung obendrauf: Der Charterer orderte das

Schiff nach dem Anlauf von Shanghai für zwei Monate auf Reede vor Anker. Zwar hatte man uns nun ›bereits‹ eine Woche vor der Aufliegezeit informiert, trotzdem bereitete uns das ziemliche Probleme.

Gerade an jenem Donnerstag begann in China das Chinesische Neujahrsfest. Es wird eine Woche lang gefeiert. In dieser Zeit ist es fast unmöglich, Proviant zu bekommen. Wir hatten an Bord Proviant für nur vier Wochen, benötigten nun aber für circa zehn Wochen Proviant. Die 300 Tonnen Trinkwasser, die wir am Bord hatten, waren auch nicht genug für sechzig Tage Reede. Im Normalfall verbrauchen wir zwischen zwölf und fünfzehn Tonnen am Tag. Mit konsequenter Einsparung könnten wir den Verbrauch bestenfalls auf sieben Tonnen pro Tag reduzieren, würden aber am Ende der sechzig Tage auch knapp mit Wasser dastehen. Und soll ich der Besatzung sagen, dass sie nur noch einmal die Woche duschen darf?

In Hong Kong, an der Pier von 21:00 Uhr bis um 07:30 Uhr, hatten wir Glück und bekamen kurzfristig doch noch zusätzlich Proviant. Nicht alle unsere Wünsche wurden erfüllt: Zitronen bekamen wir keine mehr und auch Tomaten gab es nur eine Handvoll. Und, ganz schlimm: Eiscreme wird es nur auf Zuteilung geben!

Mit den 300 Tonnen Trinkwasser sind die normalen Frischwassertanks unseres Schiffes so ziemlich voll. Also haben wir dann auf dem Weg nach Shanghai die Achterpiek gereinigt.

Die Achterpiek ist ein Ballastwassertank, der dementsprechend üblicherweise mit salzigem Seewasser gefüllt wird. Im Hafen manchmal auch mit nicht ganz so sauberem Hafenwasser – lieber nicht daran denken! Die Form des Tanks macht es möglich, dass man beim Lenzen tatsächlich fast das gesamte Ballastwasser aus dem Tank bekommt. Auch durch seine Lage im Schiff bietet sich dieser Tank als ›Not-Frischwasser-Tank‹ an.

Lenzen. Entfernen von Wasser aus einem Tank oder Raum eines Schiffes.

Nach dem Reinigen haben wir in Shanghai 600 Tonnen Trinkwasser bestellt.

Shanghai (Yangshan) innerhalb von zwölf Stunden 2.760 Container gelöscht, aber, verständlicherweise, keine geladen.

Als wir nach Ankunft die Schläuche für die Trinkwasserübernahme verlegt hatten, war es kaum mehr als ein Tröpfeln, was sich in unseren Tank ergoss. Unser Auslaufen war für 14:00 Uhr am 11. Februar festgelegt und in diesen paar Stunden Liegezeit konnten wir nur 210 Tonnen Frischwasser nehmen.

Nun ja, tatsächlich hatten wir 350 Tonnen genommen. Aber irgendwie klemmte der Wasserzähler und blieb bei 210 Tonnen stehen. Unsere eigenen Messungen ergaben 350 Tonnen. Das blieb aber das Geheimnis von mir, dem Ersten Offizier und dem Bootsmann! 140 Tonnen – eiserne und letzte Reserve!

Am Anfang sah es so aus, dass wir die Reserve wirklich brauchen würden, es gelang uns zuerst nicht, den Verbrauch unter fünfzehn Tonnen zu drücken. Wir haben dann das

Schiff nach Leckagen in den Frischwasserleitungen durchsucht, in den Kammern sowie im Maschinenraum. Die Waschmaschinen sind gesperrt worden. Schließlich stoppte ich die Wasserversorgung von 19:00 bis 06:00 Uhr gänzlich. Für den Notfall hatten wir sogar schon den Swimmingpool mit Seewasser gefüllt, damit, wenn es hart auf hart kommt, die Toilettenspülung stillgelegt werden konnte. Jeder sollte dann mit seinem Eimerchen an den Swimmingpool und sich seine zehn Liter Wasser holen, um dann ›manuell‹ nachzuspülen. Not macht erfinderisch.

Wie gut war es, dass wir in Hong Kong noch extra 130 Kisten Mineralwasser ›12x 1,5 l‹ bekommen haben. Vielleicht können wir uns am Ende unserer Liegezeit auf Reede nicht mehr waschen, aber wir brauchen nicht zu verdursten. Und wir können das Mineralwasser erst zum Zähneputzen verwenden und dann, letztendlich, noch für die Klospülung nutzen.

MS DENVER - Das Schiff

Die MS DENVER wurde im Juni 2004 in Dienst gestellt.

Das Schiff ist in Korea gebaut worden, basierend auf deutschen Konstruktionsunterlagen.

Die MS DENVER ist ein sogenanntes Vollcontainerschiff: ein Schiff entworfen für den ausschließlichen Transport von Containern. Es könnte theoretisch auch Getreide transportieren, wurde aber bisher nicht einmal in Erwägung gezogen. - Warum eigentlich nicht? Das Schiff ist für den Zweck des Transports von Containern in den Laderäumen mit sogenannten Cellguides ausgestattet – Gerüste, in denen die Container sicher gestaut werden können. An Deck gibt es Container-Foundations, Befestigungspunkte für die Container-Twistlocks (Stählerne Befestigungsstücke, mit denen die Container miteinander verbunden und verriegelt werden.) Zusätzlich werden die Container mit Laschstangen gesichert.

Die DENVER ist

294,1 m lang

32,20 m breit.

Die Maße sind heutige (2011) ›Panamax‹, die maximalen Abmaße, die es dem Schiff noch erlauben, den Panamakanal zu passieren.

Maximaler Tiefgang 13,65 m

Höhe vom Kiel bis zur Mastspitze 56,34 m.

Die Hauptmaschine hat 70.020 PS (siebzigtausend!), sie kann das Schiff im Ballast bis auf 27 kn, ziemlich genau 50 km/h beschleunigen. Beladen bringt es die MS DENVER immerhin noch auf 24,5 kn (45 km/h).

Das Schiff kann 7.300 Tonnen Bunker und fast 17.000 Tonnen Ballastwasser nehmen.

Wichtiger ist die maximale Containerkapazität: 5.043 TEU (20 Fuß Container).

Um es etwas anschaulicher zu machen:

5.043 Container hintereinander: 31 km

5.043 Container übereinander: 13,2 km (Flughöhe einer Boeing 747)

70.020 PS gleich 990 Fiat Punto – der höheren Dieselmotorisierung.

Wie beschreiben wir die MS Denver? Vielleicht so: schlank und wieselflink, preiswert und genügsam – mit unerkannten Vorzügen.

MS DENVER

Ein Schiff aufgelegt – Reede-Dienst

Von Hong Kong nach Yangshan – 812 sm.

Die MS DENVER liegt seit nunmehr zehn Tagen auf Reede vor Yangshan; voraussichtlich noch 35 Tage vor Anker liegen vor der Besatzung.

Um es gleich festzustellen: Wir haben keine Langeweile!

Zwar gerät keiner hier an Bord richtig in Schweiß, trotzdem sind wir alle irgendwie beschäftigt. Ich weiß gar nicht, wie wir sonst klargekommen sind, wenn auch noch Häfen den ›normalen Betrieb‹ gestört haben.

Man macht seine Monatsendabrechnung und der Server steigt aus. Schon ist man wieder einen Nachmittag beschäftigt: Server ein- und ausschalten, PCs rauffahren und wieder hier am Kabel wackeln, dort zotteln. Ich denke, dass ich jetzt so weit bin, ein IT-Diplom zu beantragen.

Und plötzlich ist es wieder an der Zeit für das Abendessen!

Die Jungs an Deck sammeln fleißig Regenwasser ein, um Wasser zum Waschen der Laderäume zu haben. Für die wichtigeren Arbeiten, zum Beispiel für das Entfernen von Salz von Oberflächen vor dem Anstreichen, benutzen wir das Kondensat vom Aircooler. Also wofür man sonst nur eine Handumdrehung braucht, ist man nun den Vormittag beschäftigt, das Wasser an die Ort und Stelle zu bringen, wo man es dann braucht.

Wir sind im Verbrauch jetzt runter auf fünf Tonnen, und unsere Vorräte sind ausreichend. Trotzdem halte ich noch strikt die Hand darauf, fünf Wochen liegen noch vor uns – und niemand kann vorraussagen, was dem Charterer möglicherweise noch einfällt.

Die Maschinisten nehmen ihre Hilfsdiesel auseinander, bauen sie wieder zusammen. Und weil es so schön war – oder auch, weil sie nicht richtig funktionieren – werden die Einzelteile dann wieder über die Flurplatten verteilt. Es ist kein Druck da, also alles ›etwas langsamer‹, das ist natürlich falsch beschrieben, es sollte heißen: ›etwas gründlicher‹ gemacht.

Flurplatten. Bezeichnung für den stählernen ›Bodenbelag‹ im Maschinenraum.

Wenn das Schiff nicht fährt, heißt das nicht, dass die Besatzung nichts zu tun hat. Im Gegenteil. Gerade wenn sich der Propeller nicht dreht, kann man Reparaturen und Wartungen an der Hauptmaschine und an den Hilfsanlagen vornehmen, die man im normalen Betrieb nicht machen könnte. Zum Beispiel haben wir einen unserer vier Generatoren komplett zerlegt, um die 10.000-Betriebsstunden-Wartung durchzuführen. Das allein wird circa zwei Wochen in Anspruch nehmen.

Das leere Schiff erlaubt auch an Deck eine Fülle von Arbeiten. Die Laderäume sind frei zugänglich und können von dem Schmutz der letzten acht Jahre befreit werden. Das sonst ständig in Verwendung befindliche Laschmaterial kann sortiert und wenn nötig repariert werden.

Der Elektriker ist damit beschäftigt, defekte Sensoren für die Tankanzeige auszutauschen, da nicht alle Ballasttanks gleichzeitig vorgehalten werden müssen.

Jeder hat zu tun und jeder ist beschäftigt.

Die Wachgänger gehen ihre Wache.

Der Zweite Offizier von Mitternacht bis 04:00 Uhr, dann noch einmal von 12:00 bis 16:00 Uhr, der Erste Offizier von 04:00 bis 08:00 sowie von 16:00 bis 20:00 Uhr und der Dritte Offizier von 08:00 bis 12:00 Uhr und von 20:00 bis 24:00 Uhr.

Darüber hinaus hat jeder Offizier noch einen Bereich zu verantworten. Für den Ersten Offizier ist das neben der Ladung und der Ladungssicherung auch die Wartung und Instandhaltung des Deck-Bereichs einschließlich der Anlagen an Deck, zum Beispiel der Winden.

Der Zweite Offizier ist verantwortlich dafür, dass die Seekarten und nautischen Bücher regelmäßig berichtigt werden und die nautischen Instrumente und Geräte einsatzbereit sind. Außerdem ist er für die medizinische Betreuung der Besatzung zuständig. Wie alle Handelsschiffe haben wir keinen Arzt an Bord.

Der Dritte Offizier ist der Sicherheitsoffizier, der für die ständige Einsatzbereitschaft der Schiffssicherheitsausrüstung verantwortlich zeichnet.

Selbst hier vor Anker und ohne Ladebetrieb hat jeder Offizier täglich neben seiner Wache noch zwei bis drei Stunden in seinem Ressort zu arbeiten.

Der Vollständigkeit halber seien hier auch die Ressorts der Ingenieure aufgelistet. Der Vierte Ingenieur zeichnet verantwortlich für den Betrieb und die Instandhaltung der Hilfsanlagen, wie zum Beispiel Separatoren und Pumpen. Der Dritte Ingenieur überwacht und wartet die Hilfsdiesel. Der rein technische Verantwortungsbereich des Zweiten Ingenieurs ist die Hauptmaschine. Darüber hinaus organisiert er die tägliche Arbeit im Maschinenraum. Der Leitende Ingenieur verantwortet den gesamten technischen Bereich des Schiffes. Sicherlich, auf die Anlagen im Maschinenraum ist sein Hauptaugenmerk gerichtet, aber er ist auch derjenige, der den technischen Betrieb an Deck und im Wohnbereich gewährleistet. Ein wesentlicher Bestandteil seiner Arbeit ist die Sicherstellung des Vorhandenseins der notwendigen Ersatzteile und Ausrüstungen für den störungsfreien Betrieb des Schiffes.

Die Besatzungsmitglieder, die nicht regelmäßig Wache gehen, beginnen den Tagesdienst morgens um 06:00 Uhr. 17:30 Uhr ist Feierabend. Nur am Sonntag wird bloß von acht bis zwölf gearbeitet, ein Luxus, den wir uns nur hier auf Reede leisten können.

Zurzeit sind wir einundzwanzig Mann Besatzung.

In sechsundzwanzig Tagen vor Anker passiert nicht viel, was zu berichten lohnt.

Wenn man nichts Interessantes zu berichten hat, worüber spricht man? Richtig, über das Wetter.

Dienst auf einem Schiff vor Anker setzt beim wachhabenden Offizier sicher keine besonderen navigatorischen Kenntnisse und Fähigkeiten voraus. Trotzdem hat man die Pflicht, aufmerksam zu sein. Das hat durchaus Gründe.

Wir hatten hier auf Reede schon Windstärke 8. Hinzu kam eine Dünung aus dem Pazifik, die das Schiff zum Rollen brachte. Zehn Grad nach jeder Seite ist nicht gerade viel, nervt aber auf die Dauer, weil es das Einschlafen schwierig macht.

Bei Vollmond setzen hier starke Strömungen bis zu vier Knoten (knapp acht Stundenkilometer), die ununterbrochen die Richtung ändern. Zweimal am Tag schwoit das Schiff einen vollen Kreis um seine Ankerposition.

> **schwoien.** Das Schiff verändert aufgrund von Wind und Strom die Richtung, in der es vor Anker liegt.

Unverhofft kann es passieren, dass der Anker nicht mehr im Grund hält und das Schiff den Anker verschleppt. Dann zählt jede Minute, um eine Kollision mit einem anderen Ankerlieger oder eine Strandung des Schiffes zu verhindern. Beides ereignet sich durchaus nicht ganz selten. . .

Auf der Reede vor Tianjin gab es vor einiger Zeit sogar eine Kollision von zwei Reederei-eigenen Schiffen. Die MS SHENZHEN oder die MS LONG BEACH verschleppte den Anker und kollidierte mit ihrem Schwesterschiff. Wer von den beiden den Anker verschleppt hat, ist mir nicht bekannt. Ich weiß aber, dass beide Besatzungen fehlerhaft gehandelt haben. Und ich weiß auch, dass unser Reeder ›not amused‹ war.

Um Treibstoff zu sparen (eine Tonne kostet zurzeit 520 US-Dollar) haben wir die Vorwärmung der Hauptmaschine heruntergefahren. Im Normalfall benötigen wir mindestens zwei Stunden bis die Maschine einsatzbereit ist. Auch im Notfall benötigen wir mindestens dreißig Minuten bis wir die Maschine starten können und dann müssen wir auch noch mit Schäden an der Hauptmaschine rechnen, weil die Hauptmaschine nicht ausreichend vorgewärmt werden konnte. Wirtschaftlichkeit und Sicherheit müssen gegeneinander abgewogen werden - eine Aufgabe des Kapitäns. Der Wachoffizier muss den Kapitän über plötzliche Wetterveränderungen auf dem Laufenden halten.

Es heißt aufpassen, die Position des eigenen Schiffes wird ununterbrochen überwacht. Noch kritischer beobachten wir die Schiffe um uns herum. Wissen wir doch nicht, ob die Kollegen auf den anderen Schiffen genauso sorgfältig wie wir, ihren Dienst versehen.

Auch wenn man vor Anker liegt, muss man den Schiffsverkehr um sich herum im Auge behalten. Das gilt ganz besonders im Nebel.

Vor Jahren gab es einen Unfall in der Ostsee, als ein Schiff bei Kadetrenden die Kursänderung verpasste und geradewegs auf die Reede vor Rostock fuhr. Dort kollidierte es mit einem Ro-Ro-Schiff, das bei dieser Kollision sank. Bei der Seeamtsverhandlung bekam auch das Ro-Ro-Schiff, das auf der Reede vor Rostock vor Anker lag, einen Teil der Schuld zugesprochen. Der Wachoffizier des Ro-Ro-Schiffes hätte den Kollisionsgegner über die Gefahr einer Kollision warnen müssen: über Funk, mit akustischen und / oder Lichtsignalen.

Auch wenn man vor Anker liegt, gibt es Regeln, (ganz besonders im Nebel) die der Wachhabende des Schiffes zu befolgen hat.

Der Nebel wurde abgelöst von Wind und Regen.

Erst regnete es kräftig und nun pfeift uns der Wind mit Windstärke 9 um die Ohren. Kein Wetter, um an Deck zu arbeiten. Der Erste Offizier hat die Decksbesatzung in die Laderäume geschickt, um die Tankdecke zu waschen.

Auf der letzten Reise hatten wir einige Container mit Häuten. Diese werden in Fässern mit Salzlake gefahren und offensichtlich waren einige Fässer nicht dicht. Die Flüssigkeit ist in den Laderaum gelaufen und nun ist eine gute Gelegenheit, diese stinkende, klebende Masse aus dem Schiff zu waschen.

Dann, nach 33 Tagen vor Anker sind alle froh, dass es nächste Woche wieder in den Service gehen soll. Statt 46 werden es nur 39 Tage auf Reede vor Yangshan gewesen sein.

Inzwischen haben acht Besatzungsmitglieder ihren Vertrag erfüllt und stehen zur Ablösung an. Diese Jungs freuen sich natürlich besonders, dass sie nicht mehr länger warten müssen bis sie zu ihren Familien nach Hause können. Aber auch bei allen anderen Besatzungsmitgliedern bessert sich die Stimmung merklich.

Wir müssen jetzt mit den Arbeiten zu Ende kommen, die wir für die Reedezeit geplant hatten. Die Maschinisten sehen zu, dass die Anlagen, die zur Wartung auseinandergenommen worden waren, wieder einsatzbereit gemacht werden. An Deck werden die Gangways, die Winden und das Laschmaterial überprüft.

Auf der Brücke wechselt der Elektriker noch einen Radarmonitor.

Wenn wir wieder in den Service gehen, muss alles einsatzbereit sein.

MS DENVER

Was es *nicht* an Bord gibt, Schattenseiten-Bericht

Von Yangshan Reede nach Yangshan Hafen – 21 sm.

Viele Dinge, die für einen normalen mitteleuropäischen Bürger selbstverständlich sind, sind für Seeleute nur schwer erreichbar...

- Internet!

In einigen wenigen Häfen gibt es die Möglichkeit sich Zugang zum Internet zu verschaffen. Sei es, dass man sich die entsprechenden Telefonkarten kauft oder sich seinen Laptop unter den Arm klemmt und beim Landgang in ein Internetcafé geht.

Für junge Leute ein nicht zu unterschätzender Grund, die Seefahrt an den Nagel zu hängen.

- Es gibt kein Fernsehen, keine ›Tagesschau‹, kein ›Heute Journal‹, keine Talkshows.

Für ältere Seeleute ein nicht zu unterschätzender Grund, die Seefahrt *nicht* an den Nagel zu hängen.

Wir haben Videos an Bord. Die guten Filme haben wir schon so oft gesehen, dass man die Rollen der Schauspieler mitsprechen könnte.

- Es gibt kein Radio.

Unter günstigen Umständen, kann man über Kurzwelle zu bestimmten Tageszeiten Nachrichten aus Deutschland empfangen.

- Es gibt keine Zeitungen.

Kein Zeitungszusteller bringt morgens eine Zeitung und auf unserem Seeweg findet man auch keinen Zeitungskiosk. Es ist eine Ehrensache für frisch anmusternde Besatzungsmitglieder, Zeitungen und Zeitschriften aus dem Heimatland mitzubringen. Die gehen dann hier an Bord entsprechend der jeweiligen Nationalität herum und sind außerordentlich begehrt. Mangels anderer Quellen für Neuigkeiten sind auch alte Zeitschriften an Bord durchaus willkommen. Ein ›Spiegel‹ aus dem Vorjahr steht an Bord hoch im Kurs.

Anmustern. Ein Besatzungsmitglied, das seinen Dienst an Bord antritt, muss eine ganze Anzahl von Befähigungen per Dokumenten nachweisen. Offiziere zum Beispiel benötigen u.a. ein Offiziers-Patent, aber jedes Besatzungsmitglied muss zumindest die Bestätigung der Absolvierung eines Sicherheitsgrundlehrgangs vorweisen können. Die Aufnahme der Tätigkeit an Bord mit gültigen Dokumenten wird in dem Begriff ›anmustern‹ zusammengefasst.

- Trinkwasser wird »abgezählt«.

Wenn das Schiff fährt, können wir eine gewisse Menge Trinkwasser selber produzieren. Trotzdem heißt es immer aufpassen, dass genügend Trinkwasser an Bord ist. In erster Linie geht es nicht darum dass jeder genug Wasser zum Zähneputzen hat, sondern es wird viel Wasser auch für die Maschinenanlage benötigt. Für den Kessel und als Kühlwasser für den inneren Kühlkreislauf der

Hauptmaschine. Wenn das Schiff nicht fährt, wenn es wie zum Beispiel derzeit auf Reede vor Anker liegt, müssen wir mit unseren Vorräten haushalten. Ich, als Kapitän habe jetzt den Zugang der Besatzung zum Trinkwasser begrenzt. Zweimal die Woche gibt es für drei Stunden die Möglichkeit Wäsche zu waschen. Von 19:00 Uhr abends bis morgens um 06:00 Uhr wird der Wasserhahn gänzlich zugedreht.

Trinkwasserverschwendung wird geahndet!

- Es gibt kein Wahlessen. Es wird gegessen, was die Kelle klickt.

Der Koch sorgt dafür, dass alle einundzwanzig Besatzungsmitglieder dreimal am Tag eine warme Mahlzeit erhalten. Für die Nacht sind ein paar Sandwichs im Kühlschrank. Extrawürste gibt es nicht - auch nicht für den Kapitän. Es wird das gegessen, was gekocht wird. Der Koch kann nur von dem nehmen, was wir an Bord haben. Vor genau drei Wochen haben wir das letzte Mal Proviant genommen. Die Tomaten an Bord sind nun schon etwas matschig. Der Salat sieht auch nicht mehr so appetitlich aus. Das verderbliche Obst wurde schon gegessen, jetzt kommen die Chargen ran, die sich länger halten: Melonen, Äpfel, Orangen. In circa zwei Wochen ist auch damit Schluss: Dann gibt es Obst und Gemüse aus der Büchse. Eier, die zwei Monate alt sind, gelten unter Seefahrerkreisen als frisch. Beef Tatar oder Schweinemett aus aufgetautem Fleisch ist an Land verboten. Hier an Bord gelten sie als besondere Delikatesse. Ein kleiner Durchfall ist nichts Besonderes.

Wem das nicht passt, der sollte nicht zur See fahren.

- Es gibt keinen Arzt an Bord.

Erst wenn mehr als 75 Personen an Bord sind, ist ein Arzt vorgeschrieben. Auf Handelsschiffen gibt es daher keinen Arzt. Die medizinische Betreuung der Besatzung wird durch die nautischen Offiziere durchgeführt. Alle vier Nautiker, also der Kapitän, der Erste Offizier, der Zweite Offizier und der Dritte Offizier haben eine medizinische Ausbildung erhalten. Der Zweite Offizier ist dafür verantwortlich, die medizinische Ausrüstung und die Apotheke auf Vordermann zu halten. Auch für den normalen Kopfschmerz wird der Zweite Offizier gerufen. Bei ernsthafteren Krankheiten oder Unfällen ›legen alle Nautiker Hand an‹. Das ist durchaus wörtlich gemeint. Als eine Trennscheibe dem Bootsmann tief in die Hand geschnitten hat, hat ein Nautiker erst die Blutung gestillt und dann die Wunde gereinigt. Der zweite Nautiker hat das Hospital und die Instrumente für die Bord-OP vorbereitet und alle zusammen haben wir dem Bootsmann die Knochensplitter aus der Wunde geholt und dann genäht. Nicht sehr schön, der Bootsmann wird eine dicke Narbe zurückbehalten.

Aber was hilft es?

Bei allen ernsthafteren Erkrankungen oder Unfällen, wird das Besatzungsmitglied im nächsten Hafen einem Arzt vorgestellt. Unsere Aufgabe ist es, die Erstversorgung vorzunehmen und den Patienten so lange zu versorgen, bis der zu einem Arzt gebracht werden kann – immer Patient zum Arzt. In meiner ganzen Fahrenszeit habe ich es nicht einmal erlebt, dass ein Arzt zu einem Patienten an Bord gekommen ist. Nicht einmal bei für den Patienten lebensbedrohlichen Umständen. Erkrankte, verletzte Besatzungsmitglieder betreuen, medizinisch versorgen bis diese qualifizierter medizinischer Behandlung zugeführt werden können, gehört zum Berufsbild der Nautiker.

Das ist nicht immer einfach. Es kann durchaus zwei Wochen oder länger dauern bis zum nächsten Hafen. Wenn die MS DENVER, wie jetzt, circa sieben Wochen auf Reede liegt, dann läuft das Schiff wegen einem Schnitt in den Finger nicht in den Hafen ein; es wird auch kein Hubschrauber bestellt, um den Verletzten wegen einer Lappalie abzubergen.

Vor einiger Zeit hatte ich solch einen Fall: Das Schiff war auf dem Weg in die USA und hatte vor zwei Tagen den Hafen Yokohama verlassen. Ich wurde gerufen und es stellte sich heraus, dass ein Besatzungsmitglied einen Schlaganfall erlitten hat. Nach satelliten-telefonischen Konsultationen mit einem Arzt vom Krankenhaus Cuxhaven, entschloss ich mich, das Schiff umzudrehen und wieder nach Japan zurückzulaufen. Als wir nach anderthalb Tagen nur noch 400 Meilen vor der Küste Japans waren, kam ein Hubschrauber der japanischen Coast Guard, der unseren erkrankten Maschinisten mittels Seilwinde vom Deck abbarg.

Wenn man zur See fahren will, muss man also über ein gehöriges Maß an Unempfindlichkeit und Leidensfähigkeit verfügen, vertraut man doch sein Leben und seine Gesundheit ein paar Hobby-Medizinern an, scherzhalber auch Dr.med.naut. genannt.

- An Bord gibt es kein Entkommen.

Über Monate hinweg ist man mit den gleichen Leuten vierundzwanzig Stunden am Tag zusammen. Man arbeitet zusammen, man isst zusammen, man verbringt die Freizeit zusammen. Ob man sich mag oder nicht, ob man grade einen Streit miteinander hatte oder persönliche Antipathien – man kann einander nicht aus dem Wege gehen. Es gibt keinen Feierabend, an dem man nach Hause geht und kein Wochenende, an dem man abschalten könnte.

Wir sind zurzeit acht verschiedene Nationalitäten an Bord. Man muss sich anpassen und einordnen können. Störenfriede sind nicht beliebt und werden nicht gelitten.

- Von Bord gibt es kein Entkommen.

Schlimmer als Sturm und Nebel, verzehrender als Einsamkeit und Sehnsucht ist das Gefühl der Ohnmacht, wenn etwas Schlimmes zu Hause bei der Familie passiert und man selbst ist an Bord. Heutzutage ist jeder andere innerhalb von vierundzwanzig Stunden an jedem Ort der Welt, selbst wenn er mitten in der Wüste nach Erdöl bohrt. Der Seemann, der sich mitten auf dem großen Teich befindet, für den gibt es keine Möglichkeit schnell nach Hause zu eilen und seinen Lieben in einer schweren Stunde zur Seite zu stehen. Mein Vater kam unter die Erde, da war ich auf See. Meine Frau hat nacheinander ihre Eltern beerdigt, da war ich auf See. Die Angst, dass zu Hause etwas Verhängnisvolles passiert und man kann nicht helfen, wird verdrängt. Die Bewältigung von Schicksalsschlägen bleibt bei den Ehefrauen hängen. Ein Seemann braucht eine starke Frau, sonst besser keine.

MS DENVER

Wieder Ladung an Bord – TEU-Statistiken

Von Yangshan nach Ningbo – 107 sm.

Der Lotse für Yangshan Port sollte um 13:00 Uhr kommen.

Doch er wurde abgesagt. Jene Besatzungsmitglieder, die seit fast zwei Monaten auf ihren Urlaub warten, waren am Rande des Nervenzusammenbruchs.

Doch, schließlich und endlich, nach 42 Tagen, um 23:30 Uhr hievten wir den Steuerbord Anker und fuhren zur Lotsenstation, um gegen 02:00 Uhr morgens den Lotsen für Yangshan an Bord zu nehmen. Nach anderthalb Stunden war das Schiff fest und kurz darauf wurden die ersten Container geladen.

In Yangshan haben wir 437 20-Fuß-Container und 344 40-Fuß-Container geladen, also zusammen 781 Container mit immerhin 13.384 Tonnen Ladung.

Gute zwölf Stunden später verließen wir den Hafen Yangshan und versegelten nach Ningbo - und Überraschung! Das Schiff ging wieder vor Anker, allerdings diesmal nur für zehn Stunden. Kurz nach dem Mittagessen bekamen wir den Lotsen für Ningbo, und um 16:30 Uhr waren wir fest.

Noch einmal Statistik: In Ningbo haben wir 226 20-Fuß-Container und 493 40-Fuß-Container geladen, insgesamt 719 Container mit 11.418 Tonnen Ladung.

Hunderte, wenn nicht Tausende verschiedene Güter waren jetzt an Bord; Unter anderem mehrere Container mit Feuerzeugen. Und wie viel Tausende Gasfeuerzeuge mögen in einem Container sein, der rund zwölf Meter lang, 2,60 Meter hoch und 2,40 Meter breit ist?

Hier auch was für die Mädels: Mehrere Container enthalten Lederwaren - Handtaschen, Gürtel, Brieftaschen, Portemonnaies.

Ist es bekannt, dass der Container von einem US-amerikanischen Lastkraftwagenfahrer erfunden wurde, der einfach nicht immer so lange warten wollte, bis sein LKW beladen ist? Während seiner stundenlangen Wartezeiten überlegte er sich, dass es für ihn effektiver - und nicht so langweilig - wäre, die Beladung des Lastwagens quasi schon vorzunehmen, bevor der Lastwagen angekommen ist.

Als der Container dann in den internationalen Verkehr eingeführt wurde, fragten die Amerikaner ihre europäischen Partner, ob diese bei der Entwicklung zusammenarbeiten wollten. Die Europäer sahen im Container keine Zukunft und lehnten ab. Das ist die Ursache, dass die Maße der Container auf amerikanischen Standards beruhen. Das hat unter anderem zur Folge, dass nur wenige Zentimeter fehlen um zwei europäische Standardpaletten nebeneinander in einem Container stellen zu können. Das geht nicht.

Hier noch etwas aus der Rubrik Krankenversorgung für Seeleute.

Zwei meiner Jungs musste ich zum Arzt schicken. Kleinigkeiten nur, aber da Nautiker ja keine Ärzte sind, stellen wir unsere Patienten beim nächsten Hafenaufenthalt einem Arzt vor.

In Yangshan hatte der Agent, der das Schiff betreut, jede Menge Ausreden parat, warum kein Arzt für unsere Seeleute zur Verfügung stand.

In Ningbo wurde ich dann ärgerlich. Ich drohte mit einer offiziellen Beschwerde, falls meine Besatzungsmitglieder nicht einem Arzt vorgestellt werden. Irgendwie organisierte der Ningbo-Agent nun doch ein Auto, das meine beiden Jungs zu einem Doktor brachte.

Zurück kamen die beiden Patienten mit Diagnose und Behandlungsanweisung geschrieben mit chinesischen Zeichen. Wir baten den Agenten, uns das zu übersetzen. Er konnte es nicht. Der Agent behauptete, es wäre auch noch Latein - geschrieben mit chinesischen Schriftzeichen. Ob das wirklich so ist?

Nun waren meine Jungs beim Arzt, wurden behandelt, wissen aber nicht wofür beziehungsweise wogegen und wie es weitergehen soll. Die Beschriftung auf der Medizin, die sie mitbekommen haben, ist natürlich auch in Chinesisch. Viel Glück!

Das Schiff ist jetzt auf dem Weg nach Yantian, einem anderen chinesischen Hafen vor den Toren Hong Kongs, im chinesischen Sondergebiet Shenzhen. Gemäß dem Fahrplan soll es dort in zwei Tagen, am Montag, gegen 16:00 Uhr ankommen.

MS DENVER

China-Handel: Erdbeerjoghourt ohne Erdbeere

Von Yantian nach Tanjung Pelepas – 1.460 sm.

Natürlich waren wir pünktlich: Am Montag, um 16:00 Uhr war das Schiff beim Lotsen vom Hafen Yantian/China.

Es herrschte ein ziemliches Gedränge an der Lotsenposition. Fünf Schiffe waren zur gleichen Zeit geordert. Wir waren Nummer drei und bekamen gleich bei Ankunft einen Lotsen. Nummer vier und Nummer fünf mussten warten, bis Schiff eins und zwei im Hafen festgemacht hatten und deren Lotsen und Schlepper für sie zur Verfügung standen.

In Yantian wurden weitere 705 Container geladen.

Von den vorhandenen Stellplätzen her hätte das Schiff noch weitere Container laden können. Doch die bisher geladenen Container waren überdurchschnittlich schwer und so war das Schiff beim Abgang von Yantian dicht an der Stabilitätsgrenze. Das heißt, wir hatten noch Raum für weitere Ladung, aber weitere Ladung hätte dazu führen können, dass das Schiff umkippt.

Also aufpassen!

Am nächsten Morgen, lange vor dem Frühstück, verließ das Schiff den Hafen Yantian und begann die Reise nach Tanjung Pelepas, Malaysia, 1.460 Seemeilen.

Für diese Strecke hatten wir fast fünf Tage Zeit und sind deshalb mit reduzierter Maschine gefahren. Heutzutage (2011) hat das langsam Fahren sogar einen klingenden Namen: Slow Steaming. Die Einsparungen an Kraftstoff gegenüber voller Fahrt sind beachtenswert. Für die Strecke Yantian bis Tanjung Pelepas verbrauchten wir knappe 270 Tonnen Schweröl. Bei voller Leistung der Maschine, hätte der Verbrauch bei circa 450 Tonnen gelegen. Beim derzeitigen Preis von 560 US-Dollar pro Tonne Schweröl hat unsere Reise von Yantian bis Tanjung Pelepas circa 150.000 US-Dollar gekostet. Bei voller Fahrt wären es 252.000 US-Dollar gewesen – 100.000 US-Dollar gespart!

Doch nicht nur Geld wird gespart.

Ein geringerer Schwerölverbrauch bedeutet natürlich auch einen geringeren Schadstoffausstoß, unter anderem, geringere Freisetzung von CO_2, Stickstoffen und Schwefel.

Nun könnte man ja mal ausrechnen, wie viel Diesel (momentaner Preis circa 1.300 US-Dollar je Tonne) 2.000 Lkw auf einer 2.700 Kilometer langen Strecke gebraucht hätten. Dabei wäre der Landweg noch um ein Vielfaches länger gewesen.

Wenn es auch in der Presse häufig anders dargestellt wird, die Schifffahrt ist gegenwärtig der Teil der Transportkette, der am umweltfreundlichsten ist und die meisten Ressourcen schont.

Hier noch ein Beitrag aus der Rubrik: die kleinen Ärgernisse.

Nach zweiundvierzig Tagen auf Reede war der Bestand an frischem Obst und Gemüse auf unserem Schiff ziemlich zusammengeschrumpft. Zusammengeschrumpft war auch die Schale der übrig gebliebenen Äpfel, Orangen, Gurken. Also blieb mir nichts weiter übrig, als gleich beim Anlauf im Yangshan Proviant zu bestellen. Ich habe das nicht gerne gemacht, weil ich bisher immer schlechte Erfahrung mit chinesischen Schiffshändlern hatte. So auch diesmal.

Kaum ein Punkt unserer Proviantbestellung wurde so geliefert, wie wir es bestellt hatten. Auf der Rechnung stehen zwölf Packungen Müsli à 375 Gramm, geliefert wurden zwölf Packungen Müsli à 250 Gramm. Marmelade statt 325 Gramm pro Glas, nur 290 Gramm. Wir fanden fünfzehn Positionen, bei denen die Gewichtsangaben in der Rechnung über den tatsächlichen Gewichten lagen. Nicht einmal war's umgekehrt.

Die Qualität des gelieferten Fleischs war grenzwertig – to be fair: Fisch war gut!

Heute, zum Sonntag, gab es Joghurt zum Frühstück. Eine dicke rote Erdbeere prunkte auf dem Deckel der Packung. In der Packung selbst, blanker Naturjoghurt. Vielleicht soll man sich beim Essen das Etikett vor die Nase halten und sich den Erdbeergeschmack dazu denken.

Der Schiffshändler kam in Yangshan kurz vor dem Auslaufen, sodass wir zwar die Anzahl der Schachteln und Schächtelchen gecheckt hatten, aber keine tiefgründige Überprüfung vornehmen konnten. Mangels Alternativen hätten wir den Proviant sowieso nicht zurückweisen können.

Aber es ärgerte einen doch, wenn man so schamlos übers Ohr gehauen wird.

Mangelnde Qualität und fehlende Quantität bei der Belieferung durch chinesische Schiffshändler gibt es nicht nur bei Proviant. Jeder der in Europa chinesische Fabrikate kauft, ist sich bewusst, dass die Produkte ›Made in China‹ billig und häufig schnell kaputt sind. Die Einkäufer in unserer Reederei sind privat sicherlich zurückhaltend und überlegen gründlich, wenn sie Werkzeug oder sagen wir eine Glühlampe aus chinesischer Produktion für den eigenen Haushalt kaufen. Und trotzdem, bei der Ausrüstung unserer Schiffe haben chinesische Schiffshändler immer wieder die Nase vorn. Unsere Einkäufer können der Verführung nicht widerstehen, die billigen Glühlampen für unsere Navigationslichter in China einzukaufen. Unser Schiffselektriker ist noch auf dem Weg vom Einbau in das vordere Mastlicht zurück in die Aufbauten, da ist die neu installierte Glühlampe schon wieder defekt. Der neue Schraubenschlüssel bricht beim ersten Mal unter Last ab, der Kopf des Hammers fliegt beim ersten Zuschlagen davon und bei der ersten Benutzung zerspringt die Trennscheibe in tausend Stücke. Unsere Beschwerden über diese mangelnde Qualität fruchten durchaus. Für eine gewisse Zeit werden dann wieder Ausrüstung und Werkzeuge aus Europa oder zumindest von Markenherstellern geliefert.

Aber dann stellt ein Buchhalter fest, dass die Zeiten schlecht sind und dringend eingespart werden muss. Oder es kommt ein neuer Einkäufer, der feststellt, dass man für eine Osram fünfmal soviel bezahlt, wie für eine Glühbirne, die in

China hergestellt wurde und wieder wird die nächste Ausrüstung in Shanghai geliefert.

MS DENVER

Südafrika, Lotsen im Anflug.

Von Tanjung Pelepas nach Durban – 4.915 sm.

Es ist herrlichster Sonnenschein und fast spiegelglatte See. Die Äquatorsonne brennt praktisch senkrecht auf das Schiff herab.

Für die Arbeit an Deck sollte man sich ein schattiges Plätzchen suchen, sonst droht im harmlosesten Fall ein Sonnenbrand, im schlimmsten Fall ein Hitzschlag. Selbst unser ›Doktor‹, der Zweite Offizier, hat das unterschätzt. Der Fahrtwind kühlte und so merkte er nicht, wie er sich einen Sonnenbrand holte. Abends war er dann krebsrot und nun ist er in Behandlung. Behandlung heißt, wir helfen ihm beim Eincremen, Wache muss er trotzdem gehen.

Inzwischen haben wir zwölf Container mit Feuerzeugen an Bord.

Sozusagen als Ausgleich befindet sich auch noch ein Container mit Feuerlöschern auf dem Schiff – das ist aber Zufall. Außerdem haben wir 36 Kühlcontainer und 58 Container mit gefährlichen Gütern. Die Ladung in den Reefern spannt sich von Seafood über Schokolade bis hin zu Chemikalien. Weiterhin haben wir Container mit Fernsehern, Digitalkameras, mit Hemden, Hosen, Schuhen, mit Maschinen, mit Werkstattausrüstungen, mit Bauteilen und Hunderten anderen Dingen an Bord.

Am Nachmittag hieß es Leinen los in Tanjung Pelepas für die Reise nach Durban. Fast 5.000 Seemeilen, mehr als 9.000 Kilometer, liegen vor dem Schiff. Für den ersten Teil der Reise erwarte ich gutes Wetter. Im südlichen Indischen Ozean wird sich dann aber der beginnende Südwinter mit Wind und Regen bemerkbar machen.

Solange das gute Wetter anhält, arbeitet die Decksbesatzung zwölf Stunden an Deck. Entrosten und malen, Arbeiten, die auf einen Seeschiff niemals zu Ende gehen.

Nach zwölf Tagen Versegelung und fünf Tagen am Anker, wieder einmal, ist das Schiff in Durban eingelaufen.

Wie so oft: auch diesmal eine Nachtaktion. Eine halbe Stunde nach Mitternacht haben wir begonnen, den Anker zu hieven. Knappe zwei Stunden später war der Lotse an Bord.

Hier in Durban – und das ist bemerkenswert – kommt der Lotse mit dem Hubschrauber an Bord. Es beeindruckt schon, wenn die Piloten den Hubschrauber so dicht an unsere Containerstapel fliegen, dass man denkt, jeden Moment würden die Rotorblätter das Schiff berühren. Aber die Piloten sind Könner. Seit mehr als fünfzehn Jahren nutzen die Lotsen in Durban den Hubschrauber. Selbst bei schlechtem Wetter, bei dem es mit dem Boot unmöglich wäre aus dem Hafen auszulaufen, kann der Hubschrauber die Lotsen noch an Bord bringen. Das Versetzen mit dem Lotsenboot würde annähernd eine Stunde dauern. Mit dem Hubschrauber ist das Verbringen des Lotsen an Bord eine Frage von wenigen Minuten.

Versetzen. Verbringen des Lotsen oder anderer Personen von Land zum Schiff oder vice versa.

Doch nicht nur die Flugkünste der Piloten nötigen einigen Respekt ab. Ich bewundere auch den Schneid der Lotsen, die sich bei Wind und Wetter vom Hubschrauber auf das Deck eines Schiffes abseilen lassen. Das Schiff rollt im Seegang, es ist wenig Platz und kaum etwas zum Festhalten - dazu gehört schon Mut. Und dann sind die Herren Lotsen alles andere als durchtrainierte Spezialeinsatzkräfte. Unser Lotse, Herr Thorsen, sah aus, als hätte er die Grenze zum Rentenalter schon vor einiger Zeit überschritten. Und das kleine Bäuchlein bewies, dass es auch in Südafrika gute Dinge, und diese reichlich, zu essen gibt. Respekt, Respekt.

Das Festmachen an der Pier in Durban trieb einige Schweißtropfen auf die Stirn. Die Gantrys stehen sehr dicht an der Kaikante, und wenn das Schiff durch Eigenbewegung oder Schlepperdruck sich etwas über die Kaikante neigt, besteht Gefahr, eine Gantry zu berühren. Auch wenn diese nicht jedes Mal gleich zusammenbricht, gibt das augenblicklich immer einen sechsstelligen Schaden, da von vornherein angenommen wird, dass die Stabilität des Hebezeuges beeinträchtigt wurde. Bis zur Besichtigung und gegebenenfalls bis zur Beendigung der Reparatur, fällt diese Gantry gänzlich aus. Und das kostet ein Heidengeld.

Gantry. Für den Containerumschlag spezialisierter Landkran.

Nur wenige Autominuten vom Hafen entfernt, befindet sich die Seemanns-Mission, die, wie in vielen anderen Häfen, den Seeleuten geistige und körperliche Erbauung bietet.

Geistige Erbauung in zweierlei Hinsicht: Einmal bieten die Pfarrer und Pastoren der Seemanns-Mission geistlichen Beistand für die Seeleute der verschiedensten Glaubensrichtungen. Eine kleine Kapelle für die Benutzung aller Religionen gehört zur Ausstattung jeder Seemanns-Mission.

Weiterhin bieten die Seemanns-Missionen den Seeleuten die Möglichkeit, preisgünstig nach Hause telefonieren zu können. Und, neuerdings, gibt es auch Internetanschluss, auf den ich aus war.

Körperliche Erbauung bietet die Seemanns–Mission durch Sportgeräte und die Organisation von Sportfesten zwischen den Besatzungen verschiedener Schiffe. Aber auch durch einen kleinen Laden, in dem die Seeleute ihre so beliebten Süßigkeiten kaufen können und nicht zuletzt an einer Theke, an der sie in gemütlicher Runde fernab vom Schiff mal ein Bier trinken können.

Ich hatte an Bord auf mein abendliches Braised Beef verzichtet, in der Hoffnung auf ein leckeres südafrikanisches Gericht. Leider wurde ich enttäuscht, es gab nicht einmal Sandwiches. So bestand dann mein Abendbrot aus drei Packungen Magnum-Eis – auch sehr lecker.

Braised Beef. Ein, von den philippinischen Köchen an Bord häufig serviertes Gericht. Eine Art Schmorbraten, der aber durch unterschiedliche Interpretation des, durch mündliche Überlieferung weitergegebenen Rezepts und des benutzten Fleisches bei jedem Koch anders ausfällt. Ein Teil unserer Schiffsköche erhielt eine Art Grundausbildung auf Zypern, in Limassol. Es hält sich ein Gerücht, ein britischer Koch sei der Ausbilder. Ein Schelm, der Arges dabei denkt.

MS DENVER

Südafrika, Wind und Wetter

Von Durban nach Port Elizabeth – 398 sm.

Die vergangene Woche war ziemlich schwer, für das Schiff und die Besatzung.

Das Schiff verließ morgens den Hafen Durban.

Auch hier noch einmal Statistik: In Durban wurden 1.533 Container mit 24.153 Tonnen entladen und 849 Container mit 20.963 Tonnen geladen. Es waren allesamt volle Container, keine Leercontainer. Man sagte uns, die Leercontainer werden im Persischen Golf gebraucht und kommen auf ein anderes Schiff, das dorthin fährt.

Die Versegelung nach Port Elisabeth war ziemlich rau.

Hohe Dünung und Sturm bis zu Windstärke 9 verursachten heftiges Stampfen des Schiffes und überkommendes Wasser. Wir mussten die Fahrt reduzieren, um Schäden an Schiff und Ladung zu vermeiden. Auf der normalerweise knapp 18-stündigen Reise von Durban nach Port Elisabeth hatten wir sechs Stunden Verspätung. Doch stellte sich das schließlich als glücklicher Umstand heraus, weil gerade zu der Zeit, als die gute MS DENVER vor Port Elisabeth ankam, unser Liegeplatz frei wurde. Wären wir schneller gewesen, hätten wir wieder Ankern müssen, falls das unter diesen Wetterbedingungen überhaupt möglich gewesen wäre.

Der Hafen von Port Elisabeth ist nahe der Stadt. Einer der Hafenarbeiter betreibt nebenbei ein privates Fuhrunternehmen und bringt für wenige Dollar Besatzungsmitglieder direkt von der Gangway in die Stadt. Den 45-stündigen Hafenaufenthalt nutzten wohl alle Besatzungsmitglieder für einen kurzen Landgang. Der eine wollte sich mal die Beine an Land vertreten, der andere brauchte noch ein paar Mitbringsel für die Familie zuhause, manche wollten einmal eine andere Küche als unsere Bordverpflegung genießen, aber alle wollten einfach mal ein paar andere Gesichter sehen.

Bevor wir am Morgen den Hafen von Port Elisabeth verließen, hatten wir, nur um noch einmal eine Vorstellung zu vermitteln, 419 Container mit 6.462 Tonnen gelöscht sowie 1.540 Container mit 14.443 Tonnen geladen – diesmal ein großer Teil davon Leercontainer.

Die Reise von Port Elisabeth nach Kapstadt war dann noch unangenehmer. Schwere Sturmböen und meterhohe Dünung. Der Hafen Kapstadt hatte Schwierigkeiten, die Schiffe mit Lotsen zu besetzen. Die Table Bay bot einen gewissen Schutz vor dem schlechten Wetter, trotzdem war es uns nicht möglich, unter den gegebenen Bedingungen zu ankern. So fuhren wir mit ›Ganz Langsam‹ vor der Hafeneinfahrt auf und ab, bis . . . bis unsere Hauptmaschine stehen blieb. Die anschließenden vierzig Minuten gehören zu den längsten in meinem Leben.

Aber diese Südafrikatour, sollte noch mehr zu bieten haben.

Den Maschinisten gelang es glücklicherweise, die Hauptmaschine wieder zu starten. Irgendwie schafften wir es auch, in den vor Südwestwinden und Dünung geschützten Hafen von Kapstadt zu gelangen. Als die gute MS DENVER an der Pier fest war, zitterten mir die Hände.

Die Wetterkarte sagte voraus, dass das schlechte Wetter in der Table Bay für mindestens die nächsten vier Tage anhalten würde. Ich hoffte auf meinen guten Stern und dass der Wind den Umschlag im Hafen unterbrechen würde. Vier Tage Aufenthalt in Kapstadt, wie beim ersten Anlauf im Januar, würden jetzt gut passen. Doch der Tafelberg schützt den Hafen Kapstadt vor südwestlichen Winden gut und der Umschlag verlief ohne Einschränkungen.

Nach nur fünfundzwanzig Stunden Aufenthalt war der Umschlag beendet und die gute MS DENVER musste wohl oder übel den geschützten Hafen verlassen. Bei im Wesentlichen westlichen Kursen machte das Schiff zu Anfang mit ›Rückenwind‹ gute Fahrt. Doch nachdem wir den südlichsten Punkt Afrikas, Cape Agulhas, umrundet hatten, wurde die Dünung höher und der Wind noch stärker.

Also, man merke: Nicht das Kap der Guten Hoffnung, das Cape of Good Hope, sondern Cape Agulhas ist der südlichste Punkt Afrikas. Das Kap der Guten Hoffnung wurde von Vasco da Gama so benannt, weil er die Hoffnung hatte, dass sich hinter diesem Kap der Seeweg nach Indien offenbarte. Womit er recht hatte.

Westlich von Kap Agulhas notierten wir Windgeschwindigkeiten von über sechzig Knoten und gleichzeitig erreichte die Dünung zehn bis zwölf Meter. Das

Schiff rollte stark. Durch das Verändern der Kurse, so weit als möglich, und das Reduzieren der Fahrt versuchten wir, das Rollen zu vermindern.

Bis . . . bis die Hauptmaschine ausfiel.

Ehrlich, mir wurde es - gelinde gesagt - flau im Magen. In wenigen Minuten würde die Fahrt aus dem Schiff sein, das Schiff würde quer zur See schlagen und derart heftig rollen, dass über kurz oder lang Container über Bord gehen würden. Meine Befürchtungen gingen noch weiter, aber das will ich hier nicht ausmalen.

Die Ingenieure wussten, dass es ums Ganze ging und brachten die Maschine nach sechs Minuten wieder zum Laufen. Ich hätte jeden Einzelnen von ihnen küssen können!

Als die Hauptmaschine wieder arbeitete, drehten wir das Schiff nach Norden und hielten wieder auf die südafrikanische Küste zu. Dichter unter Land, hoffte ich auf Schutz vor den westlichen Winden und auf geringere Dünung. Es dauerte noch Stunden, bis wir den gesuchten Schutz fanden und das Wetter erträglicher wurde. Mit nicht einmal zehn Knoten schlichen wir den nächsten Tag dicht unter der südafrikanischen Küste rollend und stampfend nordwärts. Dort konnten wir sehen, dass wir nicht die Einzigen waren, die von der See gebeutelt wurden. Auch unsere Kollegen auf den anderen Schiffen, hatten einiges auszustehen. Schiffe kamen uns entgegen, die stampften mit 1,5 Knoten gegen die schwere See. Ein Schiff unserer Reederei, die MS YANTIAN, kam uns mit sechs Knoten entgegen und hatte noch den langen Weg um das Kap der Guten Hoffnung vor sich.

Während man hier an Bord denkt, die Welt geht unter, dreht sich abseits der stürmischen Meere, die Welt wie gewohnt weiter...

Die Reederei fragt an, welchen Typ von Waschmaschine wir wollen.

Ein Kollege aus dem Büro beschwert sich, dass der Bericht, den er vor einer Woche angefordert hat, noch immer nicht bei ihm eingegangen ist.

Die Flugdaten für die Besatzungsmitglieder, die (sofern wir dort heil ankommen) in Tanjung Pelepas aussteigen sollen, werden durchgegeben.

Und als Krönung fragt der Charterer nach, ob wir nicht etwas schneller fahren könnten, um in Port Louis früher als im Fahrplan vorgesehen anzukommen; der Mai-Feiertag verursacht einen gewissen Stau im Hafen.

Jeder Absender dieser E-Mails hat natürlich das Recht auf eine freundliche Antwort, obwohl mir eigentlich ein paar passende oder weniger passende Bemerkungen in den Sinn kamen.

Nachdem wir 30 Grad südlicher Breite erreicht hatten, war der Wind auf erträgliche sechs Windstärken zurückgegangen. Auch die Höhe der Dünung betrug nur noch sechs Meter. Wir drehten das Schiff auf Nordost in Richtung Madagaskar. Zugegeben, noch immer nicht dahin, wohin wir eigentlich wollten. Zwar rollte die gute MS DENVER noch immer, aber doch schon in erträglichen Grenzen. Nach weiteren zwölf Stunden waren wir endlich in der Lage, ohne Gefahr für

Schiff und Ladung, Kurs auf unsere Bestimmungshafen Port Louis zu nehmen.

Inzwischen hat uns der Charterer mitgeteilt, dass wir uns jetzt Zeit nehmen können. Durch den 1. Mai verschiebe sich alles nach hinten und unser Schiff komme nicht vor morgens um 07:00 Uhr an die Pier.

An dieser Stelle kann ich nun feststellen: »All back to normal.«

Die gute MS DENVER steht wieder südlich von Madagaskar. Diesmal zeigt der Bug in östlicher Richtung. Afrika versinkt hinter dem Horizont.

MS DENVER

Gedränge in der Malakkastraße

Von Port Louis nach Tanjung Pelepas – 3.420 sm.

Nur drei Stunden mussten wir vor Port Louis warten, dann wurde unser Liegeplatz frei und wir konnten einlaufen. 122 Container mit 2.548 Tonnen wurden entladen und 198 Container mit 2.283 Tonnen geladen. Für diesen, zahlenmäßig nicht besonders umfangreichen Umschlag brauchten wir immerhin vierzehn Stunden. Vielleicht waren das die Nachwirkung des Tages der Arbeit, 1. Mai. Die Hafenarbeiter waren nicht darauf eingestellt, irgendwelche Umschlagrekorde zu brechen.

In aller Frühe verließ unser Schiff den Hafen Port Louis und nahm wieder einmal mehr Kurs auf Asien.

Gestern, um 10:30 Uhr, überquerte die gute MS DENVER den Äquator von Süd nach Nord. Heute, um 13:30 Uhr haben wir die Nordspitze Sumatras umrundet und beginnen unsere Passage der Malakkastraße.

Nachdem wir tagelang kaum ein Schiff zu Gesicht bekommen haben, herrscht nun um uns herum reger Schiffsverkehr.

Hier treffen sich wichtige Schifffahrtsrouten: Der Verkehr von Australien, der nicht die Sunda-Straße passiert, Schiffe aus Südamerika, die ihre Passage nach Asien um das Kap der Guten Hoffnung gemacht haben, die afrikanischen Verkehre. Schiffe von und nach Indien, zum Persischen Golf und die, für uns wichtigste Schiffsroute, der Verkehr von und nach Europa. Massengutschiffe mit Kohle aus Australien - Containerschiffe mit Ladung für Brasilien - Tanker mit Öl für Japan und China - Stückgutschiffe mit konventioneller Ladung für Sri Lanka - Autofrachter mit Volkswagen aus Bremerhaven und in der Gegenrichtung - Autofrachter mit Toyota und Mazda aus Yokohama kommend - Passagierschiffe auf ihrem Weg nach Singapur. Und nicht zuletzt, die gute MS DENVER mit ihrer Ladung und ihren vielen Leercontainern aus Südafrika. Sie alle geben sich hier ein Stelldichein.

Statt stundenlang geradeaus zu fahren, haben die Wachoffiziere jetzt zu tun, das Schiff sicher an anderen Fahrzeugen, den Fischern und an flachen Stellen vorbei zuführen.

Wir haben den Verdampfer abgestellt. Unsere Frischwassertanks sind fast voll. Das Trinkwasser ist nach dem Prozess des Verdampfens sauber und keimfrei und unbedenklich zu genießen. Trotzdem ist der Gedanke nicht angenehm, in der Wasserkaraffe auf dem Tisch Wasser aus der Malakkastraße zu haben. Wenn wir Singapur hinter uns gelassen haben, im südchinesischen Meer, werden wir den Verdampfer wieder anstellen und wieder Frischwasser produzieren.

Verdampfen. Eine technische Möglichkeit, um aus Seewasser Trinkwasser zu gewinnen.

Vor uns liegt wieder die anspruchsvolle Ansteuerung von Tanjung Pelepas. Wir sind für 08:00 Uhr beim Lotsen angemeldet.

Im Tanjung Pelepas werden wieder ein paar Besatzungsmitglieder das Schiff verlassen und neue Kollegen einsteigen. Die Heuerabrechnung für diese Matrosen ist fertiggestellt, ihre Flüge sind gebucht. Seit acht Monaten sind die Männer an Bord. Zwei, vielleicht drei Monate Urlaub in den Philippinen, dann werden sie ihren nächsten Einsatz beginnen. Und ich treffe sie vielleicht auf meinem nächsten Schiff wieder.

Auch für den Ersten Offizier war der Flug schon gebucht. Gestern erst hat sich dann überraschend sein Ablöser krankgemeldet. Nun müssen seine Frau und seine beiden Kinder in Sofia länger auf den Papa warten. Eine Woche? Zwei Wochen? Oder muss er vielleicht noch einmal runter nach Südafrika, einen ganzen Monat anhängen? Im Moment kann das keiner genau sagen und so ist die Stimmung des Ersten nicht besonders gut. Die Besatzung macht einen Bogen, wenn sie ihn an Deck auftauchen sieht.

MS DENVER

Und am Ziel wird abgemustert

Von Tanjung Pelepas nach Hong Kong – 1.492 sm.

Seit Tagen sitze ich an meiner Übergabe.

Als Enkel eines pedantischen Großvaters bin ich da sehr gründlich. Ich möchte nicht, dass ein Missstand übersehen wird und mein Ablöser denkt, ich hätte den absichtlich verschwiegen oder gar untergemogelt. Also eine Liste mit allen größeren und kleineren Mängeln aufgestellt.

Die 45.000 US-Dollar in meinem Schiffssafe mindestens sechsmal gezählt, damit am Ende nicht, peinlicherweise, ein Dollar fehlt.

Die Drogen – besser gesagt, die Betäubungsmittel – wiederholt abgezählt und das Verfallsdatum gecheckt. Die Schachteln in der Schublade noch ordentlich ausgerichtet, damit sie eine schöne gerade Linie geben.

Kantinenabrechnung und zwei Schiffskassen-Abrechnungen soweit vorbereitet, dass nur noch die Übernahme-Unterschrift fehlt. Selbstverständlich sorgfältig darauf geachtet, dass die Seiten im Locher ordentlich übereinanderliegen, sodass es beim Abheften eine schöne gerade Kante gibt.

Und, auch wieder typisch: Weil die Aktenordner von verschiedenen Herstellern produziert waren, schnell noch alle fünfundzwanzig Aktenordner erneuert, damit die schön gleichmäßig aussehen.

Jeder Kapitän offenbart bei der Übergabe seine eigene Handschrift.

Meine zeigt neben übertriebener Ordnung, den Wunsch, dass der einsteigende Kapitän sich möglichst willkommen fühlt. Dazu gehört, dass ich bereits Tage vorher die Kapitänskammer räume, um dem Steward ausreichend Zeit für ein gründliches Reinschiff zu geben. Der übernehmende Kapitän soll möglichst den Eindruck einer ›neuen und unbenutzten‹ Kammer haben. Wer mag schon vom Geruch oder gar den Zigarettenmief seines Vorgängers empfangen werden?

In Tanjung Pelepas lag das Schiff von mittags bis 00:30 Uhr an der Pier. In diesen zwölf Stunden wurden 1.028 Container mit 13.753 Tonnen entladen sowie 654 Container mit 15.663 Tonnen geladen.

Außerdem bunkerten wir 3.800 Tonnen Schweröl. Gegenwärtiger Preis für die Tonne 640 US-Dollar.

Inzwischen ist das Schiff auf den Weg nach Hong Kong.

Morgen, Montag um 22:00 Uhr wollen wir am Lotsen ankommen. Das Schiff wird gegen Mitternacht fest sein. Für den Hafenaufenthalt sind zehn Stunden vorgesehen.

In diesen zehn Stunden muss eine lange Liste mit Aufgaben, die in Hong Kong auf uns warten, abgearbeitet werden. So bekommen wir Proviant, drei neue Festmacherleinen, jede Menge Ersatzteile und auch noch Ausrüstung für die nächsten vier Monate.

Wir erwarten auch eine neue Funkanlage. Die neue Technologie wird es zulassen, schneller und kostengünstiger Daten zu übertragen. Für die Besatzung wird es möglich sein, mittels Handy von See aus, zu Hause anzurufen und E-Mail zu versenden – zu Preisen, die man sich leisten kann. Leider immer noch kein Internet.

Außerdem erwarten wir eine Taucherfirma. Während des Hafenaufenthaltes werden die Taucher den Schiffspropeller polieren und das Unterwasserschiff reinigen. Dadurch wird der Reibungswiderstand verringert und am Ende Bunker gespart.

Und für mich persönlich der wichtigste Punkt auf der Aktivitätenliste ist die Kommandoübergabe des Kapitäns. Herr Kapitän P. wird mich ablösen. Vier Monate und acht Tage habe ich die gute MS DENVER über die Weltmeere geführt.

Das für mich wichtigste Fazit: Alle mir anvertrauten Besatzungsmitglieder sind bei guter Gesundheit.

Während meiner Zeit hat es keine Schäden am Schiff gegeben. So weit mir bekannt, gab es auch keine Ladungsschäden.

MS GEMMA – Herbst 2011

Immer wieder neue Gesichter

Von Frankfurt nach Navegantes – 10.240 km.

Mich hat die See oder, um korrekter zu sein, die Schifffahrt wieder. In Navegantes, Brasilien, habe ich das Schiff übernommen. Der Kollege, den ich abgelöst habe, hat seine letzte Reise in unserer Reederei gemacht. Er sieht seine Zukunft in der Passagierschifffahrt, konkret bei ›Aida‹. Für ihn, vielleicht wegen seines Alters, ein Traumjob. Für mich, der ich fast zwanzig Jahre älter bin, wäre es eher ein Albtraum-Job. Unsere Fracht beschwert sich nicht, auf Passagierschiffen aber ist jeder Gast ein König. Wie viele Vorgesetzte kann man verkraften? Und dabei spreche ich noch nicht einmal vom Hotelmanager, der bei der Schiffsführung von Passagierschiffen ein gewichtiges Wort mitzureden hat. Oder von den strengen Überwachungen von der Zentrale in Rostock aus, denen das Schiff und besonders die Schiffsführung unterliegt. Diese Aufzählung ist noch lange nicht vollständig.

Zwar bin ich erst drei Tage an Bord, aber wie immer habe ich das Gefühl, nie fort gewesen zu sein, obwohl die MS GEMMA ein anderer Schiffstyp als die MS DENVER ist. Aber die Aufbauten sind ähnlich und von meinen vierundzwanzig Besatzungsmitgliedern kenne ich zehn von anderen Schiffen.

Wobei ›kennen‹ übertrieben ist.

Bei den Europäern geht es noch, als Europäer ist es einfacher, europäische Gesichter zu unterscheiden. Bei den Filipinos, und das sage ich, ich wiederhole mich, ohne jeden rassistischen Unterton, kommt mir entweder der Name bekannt vor oder das Gesicht. Aber niemals weiß ich, wann und wo ich diese Burschen das letzte Mal gesehen habe. Zwei waren mit mir auf der MS DENVER, die konnte ich zum Glück noch einordnen. Bei den anderen ist es schwieriger.

Da sich aber jeder von den Jungs freut und stolz darauf ist, wenn ihn der Kapitän wiedererkennt, muss man mit ein bisschen Fingerspitzengefühl vorgehen, um niemanden zu enttäuschen. Also sind Allgemeinplätze angesagt:

»Schön, Sie wieder zu treffen, wir haben uns eine ganze Weile nicht gesehen!«

»Mann, das war noch was auf der … der … wie hieß das Schiff noch mal?«

»MS SEOUL? Richtig! Ja, das waren noch Zeiten!«

Oder: »Na, ganz schön zugelegt in der Zeit, in der wir uns nicht gesehen haben. Wie lange ist das noch mal her?«

Manchmal fällt der Groschen auch überhaupt nicht. Dann blickt aber ein Paar philippinischer Augen so eindringlich und auf der Stirn des Matrosen steht geschrieben: »Erkennst du mich denn nicht?« Da kann man dann nicht vorbeigehen. In diesem Fall ist ein unverfängliches »Es freut mich, auch Sie hier an Bord zu haben!« angebracht. Das passt auf beide Möglichkeiten. War man schon zusammen auf einem Schiff, kann die Phrase als Wiedererkennen interpretiert werden. Ist man jedoch noch nicht mit dem Mann zusammen auf einem Schiff gefahren, sind die Worte unverfänglich und stellen einen nicht als Blödmann da.

MS GEMMA

Human Ressources Management, Materialfragen

Von Las Palmas nach Algeciras – 708 sm.

Von Las Palmas, Kanarische Inseln, kommend, war Algeciras, Spanien, der erste Hafen, den die gute MS GEMMA im Mittelmeer angelaufen hat. Für Algeciras hatten wir auch einen ganzen Schwung Container an Bord, indes hatte dieser Hafen für uns keine Container zum Laden. Das hätte zur Folge gehabt, dass nach dem Löschen der Algeciras-Container durch die sich daraus ergebende Ladungsverteilung, die Verbände des Schiffes überbeansprucht werden würden. Nun könnte man die an Bord verbleibende Ladung entsprechend umstauen, um die Belastung des Schiffes wieder in den zugelassenen Rahmen zu bringen.

Belastung der Verbände des Schiffes. Bei der Beladung eines Containerschiffes besteht nicht nur durch falsche vertikale Verteilung der Lasten das Risiko des Kenterns. Darüber hinaus kann es durch die falsche Verteilung der Gewichte in horizontaler Richtung zur übermäßigen Verbiegung oder Verdrehung des Schiffes kommen. Diese Belastungen, auch Stress genannt, werden durch Seegang noch verstärkt und können im Extremfall zum Auseinanderbrechen des Schiffes führen. Bekanntestes Beispiel: MOL COMFORT, auseinandergebrochen am 17. Juni 2013 im Arabischen Meer.

Aber ein paar hundert Container zu löschen und dann in einer anderen Einordnung wieder zu laden, wäre reichlich teuer geworden. Der Charterer hatte daher beschlossen, die Ladung für Algeciras im nächsten Hafen zu löschen, in Valencia. Nun gut, dann würden alle für Südspanien bestimmten Container eben nicht von Algeciras aus verteilt werden, sondern von Valencia.

Irgendwo in Südamerika hatte ein Schiffsplaner sich verplant. Einen Haken hatte die Sache aber noch: Unser Treibstoff reichte nicht mehr bis zum Bunkerhafen Fos-sur-Mer. Da in Algeciras der Bunker bedeutend preiswerter als in Valencia ist, liefen wir die Bucht von Gibraltar an und ankerten dort, nur um tausend Tonnen Schweröl zu bunkern.

Hinzu kamen einhundertfünfzig Tonnen Dieselöl.

Eigentlich können unsere Hilfsdiesel das deutlich billigere Schweröl verbrennen. Da Schweröl aber mehr Dreck in die Umwelt pustet als Diesel, dürfen seit gut anderthalb Jahren im westlichen Mittelmeer die Hilfsdiesel nicht mehr mit Schweröl betrieben werden; es muss Diesel verwendet werden.

Nebenbei bemerkt, sind unsere Hilfsdiesel und auch die Hauptmaschine als besonders umweltverträglich zertifiziert. Wir haben sogar ein Zertifikat, das bestätigt, dass nur Originalersatzteile der Hersteller verwendet werden, um eine gleichbleibende ›Qualität‹ der Abgase zu gewährleisten. Nun gut, was wir da rausblasen, ist dennoch keine Schwarzwald-Luft.

Der Übernahme-Papierberg war abgearbeitet und auch die beiden dicken monatlichen Umschläge mit der Bürokratie für die Reederei und die Crewing-Agentur hatte ich bereits von Las Palmas abgeschickt. Wie in so vielen Bereichen unseres Lebens nimmt auch hier an Bord das Berichtswesen ungeahnte Ausmaße an. Es wächst im gleichen Tempo wie die Staatsverschuldung – vielleicht besteht ein

Zusammenhang? Die Leute, die uns von Land aus verwalten, möchten alles so genau wie möglich wissen, ohne sich aus ihren Büromöbeln erheben zu müssen. Also gibt es Anfragen über Anfragen, Berichte und Stellungnahmen werden eingefordert. Der Schreibtischhengst, der auf seinem Arbeitsplatz am meisten Papier vorzuweisen hat, steht bei der Fütterung am weitesten vorne.

Selbst wenn man alle monatlichen, in langen Listen aufgelistete Berichte, Abrechnungen und Planungen abgeschickt hat, lässt das Ungeheuer Verwaltung den bürokratiegeschundenen Kapitän nicht vom Haken. So musste ich mich dieses Mal innerhalb von vierundzwanzig Stunden drei Mal rechtfertigen.

Als Erstes wurde vom Charterer eine Rechtfertigung von mir eingefordert, warum ich in Itaguai, Brasilien, beim Ablegen anstelle der üblichen zwei gleich drei Schlepper angefordert habe.

Wir hatten dort beim Ablegen Windstärke 8 und die zwei schmalbrüstigen Schlepper schafften es nicht, unser Schiff in dem engen Fahrwasser gegen den Wind zu drehen. Es war mir gar nichts weiter übrig geblieben, als einen dritten Schlepper zu ordern; ansonsten hätte ein Bergungsunternehmen unser Schiff vom nächsten Strand ziehen können.

In meiner Stellungnahme habe ich ›lautstark‹ protestiert, so weit man das in schriftlicher Form kann. Hauptsächlich betonte ich die Verantwortung des Kapitäns für die Sicherheit des Schiffes. Eigentlich, so stellte ich dar, würde ich eher einen Dankesbrief erwarten, weil ich das Schiff unter diesen Bedingungen sicher aus dem Hafen gebracht habe. Mich auch noch dafür rechtfertigen zu müssen, zeugt von der Missachtung meines seemännischen Könnens.

Beliebt mache ich mich mit solchen Schreiben nicht. Ich hoffe aber, dass sie eine abschreckende Wirkung haben und mir vielleicht, wenn ich das nächste Mal einen Schlepper über die Norm ordere, eine erneute schriftliche Rechtfertigung ersparen.

Eine zweite Stellungnahme wurde von der Crewing-Agentur abgefragt. Ich musste begründen, warum ich acht Parka für unsere philippinische Besatzung geordert habe. Die Jacken sind spottbillig. In Hong Kong kauft die Crewing-Agentur diese für neun US-Dollar das Stück. Gleichzeitig geht man in Limassol beim keinesfalls nur zypriotischen Management wohl davon aus, dass diese Jacken eine Ewigkeit halten.

Nachdem die Notwendigkeit der Bestellung erklärt war, kam eine Nachfrage zur Verteilung der Oberbekleidung: Wie viele der Parkas denn für Offiziere und wie viele für die Mannschaft gedacht seien. Der Hintergrund ist nicht etwa, dass für die philippinischen Offiziere bessere Parka angeschafft werden sollten als für die philippinische Mannschaft. Nein, es geht nur um die Auffassung, dass die Parkas der Offiziere nicht so beansprucht werden wie die für die Mannschaft und somit länger halten. Also gut, alle Parkas sind für die Mannschaft bestimmt. Auch hier, wie in allen Berichten, stimmt bestenfalls die Hälfte.

Und als Drittes musste ich dann, bereits zum wiederholten Mal, zum selben Sachverhalt Stellung nehmen: Ich hatte, ohne vorher die Crewing-Agentur um Erlaubnis zu fragen, unerlaubterweise Proviant an Land gegen Bargeld gekauft.

Beim ersten Mal, in Santos, Brasilien, informierte mich der Koch, dass wir keinen Zucker und kein Getränkepulver mehr haben. Vier Wochen ganz ohne Zucker, das betrachte ich mal als suboptimalen Zustand auf hoher See. Und kein Getränkepulver gebunkert zu haben, das bedeutet, dann drei Mal am Tag Saft an die Besatzung ausgeben zu müssen. Das wird teuer. Teurer als das Pulver. Also hatte ich den Koch in Santos an Land geschickt, das Notwendige einzukaufen.

Zehn Tage später, in Las Palmas, gestand mir der Koch, dass wir kein frisches Gemüse mehr haben. Ich reagierte ziemlich ungehalten, denn es kann doch für einen erfahrenen Koch nicht zu schwer sein, den in Buenos Aires erhaltenen Proviant so einzuteilen, dass der viereinhalb Wochen bis zur nächsten Ausrüstung reicht. Übrigens, wie lange lagert man an Land die Tomaten im Kühlschrank?

Wie so oft im Leben erwischte mein Donnerwetter den Falschen. Der Koch hatte ausreichend Gemüse geordert, aber mein Vorgänger-Kapitän hat an der ursprünglichen Bestellung herumgestrichen.

Ich hatte mal einen Koch, der bestellte für eine sechswöchige Reise zweitausend Kilo Fleisch, in Worten: zwei Tonnen. Da hatte ich dann auch ein paar Speckseiten weggestrichen. Aber man darf mir glauben, an Obst und Gemüse habe ich nie etwas gekürzt, nicht eine Knoblauchzehe wurde von mir nicht genehmigt. Und das Herumfummeln an der Eiscreme-Ration ist tabu.

Im 21. Jahrhundert und auf einem deutschen Schiff darf es natürlich nicht akzeptabel sein, zehn Tage ohne Tomaten und Gurken auszukommen, ohne frischen Salat und Obst. Zumal es in Las Palmas ausreichend Gemüse und Früchte in hervorragender Qualität und zu einem guten Preis gibt. Also habe ich einen Schiffshändler kommen lassen und frisches Obst und Gemüse gegen Bares eingekauft – ohne vorher um Erlaubnis zu fragen. Dazu muss man natürlich Stellung nehmen. Fairerweise muss ich sagen, dass niemand die Rechtmäßigkeit dieser Ausgaben bestreitet. Nur muss dieser Vorgang auch irgendwie in gedruckter Form vorliegen. Eine Quittung in der Proviantabrechnung allein, das genügt nicht. Ein schriftlicher Bericht des Kapitäns muss die Ordnungsmäßigkeit dieses Vorganges belegen. Wenn man jedes Mal einen schriftlichen Bericht anfertigen muss, nachdem man ein Kilo Zucker gekauft hat, überlegt man es sich über kurz oder lang, ob man seinen Kaffee wirklich süß trinken will. Das spart am Proviantsatz.

Eine weitere Stellungnahme wurde von mir abgefordert, weil mein Vorgänger (ja, mein Vorgänger!) mehrere Monate den Proviantsatz überschritten hat. Das traf trotzdem nicht unbedingt den Falschen, auch während meines Kommandos wird der Proviantsatz selten eingehalten. Wie auch immer, das war mir dann aber doch zu dumm. Ich habe diesen Brandbrief der Crewing-Agentur direkt an einen unserer obersten Bosse weitergeleitet. Weder mein Vorgänger noch ich können etwas für die gegenwärtigen Lebensmittelpreise. Genauso wenig haben wir irgendeinen Einfluss auf den Dollarkurs.

Offensichtlich hat diese Maßnahme Wirkung gezeigt. Ein neuer Sachbearbeiter, männlich, ist für mein Schiff zuständig; er diskutiert nicht mehr mit mir. Vorher war es eine Sachbearbeiterin – keine Vorurteile, bitte!

Hier wird es wieder mal deutlich: Eine ordentliche Verpflegung steht bei mir hoch im Kurs. Tatsächlich habe ich wirklich einen sehr guten Koch an Bord. Und da ist es doch meine verdammte Pflicht und Schuldigkeit dafür zu sorgen, dass der Mann das richtige Material zur Verfügung hat, um sein Talent voll entfalten zu können. Das nennt man dann: Human-Ressources-Management.

MS GEMMA

Drunter und drüber. Oder Umweltschutz im Mittelmeer

Von Barcelona nach Valencia – 169 sm.

Diese Rundreise im westlichen Mittelmeer hatten wir hinter uns. Neun Häfen in zwanzig Tagen. Eigentlich alles gut, in den Häfen hatten wir fast immer mindestens einen Tag gelegen. Der einzige Hafen, in dem wir weniger als einen Tag gelegen haben, war Barcelona, knappe elf Stunden.

In Barcelona trafen wir unseren Versorgungs-Lkw mit zweiundzwanzig Tonnen Ausrüstung, Ersatzteilen, Proviant und Kantine. Da wir erst 21:00 Uhr an der Pier fest waren, bedeutete dies für die ganze Besatzung eine Nachtaktion. Sogar der Kapitän hat quasi mit Hand angelegt; ich hatte mich die Nacht über als Wachmann an die Gangway gestellt, damit ein Mann mehr frei war, um die Ausrüstung in den richtigen Lagerräumen zu verstauen. Nebenbei lief natürlich der Umschlag der Container, auf den man auch ein Auge haben muss. Um 05:00 Uhr hatten wir unsere Stores an Bord, um 07:30 Uhr war die Ladung komplett an Bord und um 08:00 Uhr konnten wir auslaufen.

Auch hier wieder: Nicht ein einziger schriftlicher Nachweis der Ruhezeiten dürfte der Wahrheit entsprochen haben. Aber Papier ist geduldig und solange nichts passiert, stellen die Behörden die ›hours of rest‹, die Ruhestunden, nicht infrage.

Ist es nicht merkwürdig? In der Schifffahrt wird kein Nachweis der geleisteten Arbeit gefordert, kein Arbeitszeitnachweis. Wir weisen nach, dass wir Ruhezeiten hatten. Arbeit ist der Normalzustand, Ruhen ist das, was übrig bleibt.

Zum Ausgleich der Mühen in Barcelona blieben wir dann im nächsten Hafen, in Valencia, vier Tage.

Beim ersten Anlauf in Valencia hatte sich beim Laden ein Container so unglücklich in den Zellgerüsten des Laderaums verklemmt, dass mehrere Cellguides beschädigt worden waren. Beim zweiten Anlauf in Valencia wurden achtunddreißig Meter laufender Stahl der Cellguides ausgewechselt. Die dafür angeheuerte Werkstatt brauchte zwei Tage für die Reparatur.

Cellguides. Stählerne Gerüste in den Laderäumen, in denen die Container sicher gestaut werden.

Alles war vorbereitet, als wir nachmittags in Valencia an der Reparaturpier festmachten. Die Arbeiter waren vor Ort, das Material lag auf der Pier, Werkstattwagen parkten am vorgesehenen Liegeplatz. Zwei Cherry Pickers, also Hubwagen, warteten darauf, in unseren dreiundzwanzig Meter hohen Laderäumen eingesetzt zu werden. Auch ein Autodrehkran war da, um das Material an Bord zu hieven. Der war allerdings dafür ausgelegt, einer alten Dame die Handtasche hochzuheben oder mir einen Kasten Bier in den Kofferraum zu stellen. Der Werkstattleiter staunte nicht schlecht, als ich ihm sagte, dass jeder der beiden Lukendeckel, die von Bord mussten, achtunddreißig Tonnen wiegt. Hinzu kam eine Auslage, die beim Mitteldeckel zwanzig Meter betrug. Ich war überrascht, denn es dauerte wirklich nur vier Stunden, dann hatte man einen entsprechenden Kran organisiert. Wie ich am Ende feststellte, überstieg die Miete für diesen schwergewichtigen Kran alle anderen Kosten der Reparatur bei Weitem.

Nach zwei Tagen an der Reparaturpier ging es dann zum charterer-eigenen Containerterminal, wo 1.600 Moves auf uns warteten. Alles ging erstaunlich schnell. Zeitweise arbeiteten sechs Gantrys an unserem Schiff. Die Arbeit war aber nicht bis zum Ende wirklich gut durchorganisiert. Nachdem wir um 05:00 Uhr die letzten Container an Bord genommen hatten, brauchte der Terminal noch sechseinhalb Stunden, um die geladenen Container zu laschen.

Für die ganze Besatzung bedeutete das aber eine gute Gelegenheit, an Land zu gehen. Jeder, außer dem Kapitän, hatte seine Chance, einen Abend in Valencia zu verbringen. Davon waren alle auch ganz angetan. Nur der Leitende Ingenieur blickte die ganze Zeit etwas gequält aus der Wäsche. In Las Palmas war seine Frau zugestiegen; sie machte nun die Rundreise im westlichen Mittelmeer mit. Durchaus verständlich, wollte sie natürlich in jedem Hafen an Land. Wie in jeder guten Ehe, so hat auch hier die Frau die Hosen an. Und darum blieb dem armen Chief Engineer L. nichts weiter übrig, als in allen Häfen, außer Barcelona, an Land zu stiefeln. Nach Livorno sah er schon ordentlich geschafft aus – Livorno 35 Grad Celsius. Aber Genua hat ihm den Rest gegeben: 42 Grad. Seine Frau war erbarmungslos, es gibt ja so viel zu entdecken! Und in den vier Tagen in Valencia musste er auch noch dreimal an Land.

Ich hatte ihr erzählt, dass es in Spanien ganz tolle Lederwaren gibt und meine Frau sich dort immer - und immer heißt: immer - Handtaschen kauft. Ganz besonders in Valencia ist das Angebot gut. Daraufhin packte sie ihren Göttergatten an den Ohren und schleifte ihn zum Hafentor. Ich konnte es mir nicht verkneifen, gemein zu sein!

Die gute MS GEMMA ist nicht nur der Flagge nach ein deutsches Schiff, sondern auch bei der Besatzung. So haben wir zurzeit sieben Deutsche an Bord, einen bulgarischen Kollegen und fünfzehn Filipinos. Ob das allerdings für die Zukunft so bleibt, steht in den Sternen.

Die Bundesregierung hat die Hälfte der neunzig Millionen Euro an Hilfe für die Schifffahrt unter deutscher Flagge gestrichen. Nun denken die Reeder wieder darüber nach, ihre Schiffe auszuflaggen und, konsequenterweise, deutsche Seeleute zu entlassen. Die Reederei NSB, die bisher den größten Teil ihrer Flotte unter der deutschen Flagge betreibt, hat unumwunden damit gedroht, sich von ihren deutschen Seeleuten zu trennen.

Ich habe einiges Vertrauen in meinen Reeder und glaube darum, dass es in unserer Reederei nicht so weit kommt. Wenn überhaupt, dann wird ›sozial verträglich‹ abgebaut.

Aber so ist es: Noch im Januar hat unsere Reederei weitere fünf Schiffe unter deutsche Flagge gebracht. Jetzt, im August, stehen die Vorzeichen ganz anders.

Im westlichen Mittelmeer steht in jedem Hafen an der Pier ein Container, in den wir unseren Schiffsabfall unentgeltlich entsorgen können. Oder es kommt, für ein relativ geringes Entgelt, ein Fahrzeug und sammelt den Müll ein. Im Abschnitt über die Erlebnisse auf der MS SEOUL, konnten Sie lesen, dass es nicht immer leicht ist, den Pflichten zur Müllentsorgung nachzukommen, um den örtlichen Entsorgungsvorschriften Wort für Wort zu entsprechen. Solange also ein bisschen Vernunft bei der Schiffsleitung vorhanden ist, wird kein Schiff im westlichen Mittelmeer seinen Müll ins Meer werfen.

Wir auf der guten MS GEMMA sowieso nicht, denn auf unserem Schiff verfolgen wir den ›Nothing over board‹-Grundsatz. So weit wie möglich und so weit wie zulässig, werden all unsere Abfälle in der Müllverbrennungsanlage des Schiffes verbrannt. Was sich nicht auf diese Weise entsorgen lässt – zum Beispiel darf Plastik nicht verbrannt werden – wird an Land abgegeben.

Vor dem Anlauf eines jeden Hafens im Mittelmeer müssen wir an die Behörden eine Liste schicken. ›Liste‹ ist in Wahrheit untertrieben. Es ist tatsächlich ein Formblatt, bei dem man eine gute Brille und zwanzig Minuten benötigt, bevor man verstanden hat, wie es auszufüllen ist. Im Grunde wird in dieser Liste verzeichnet, wie viel Müll das Schiff im letzten Hafen entsorgt hat, wie viel Müll das Schiff beim Anlauf des nächsten Hafens an Bord hat und wie viel Müll das Schiff beabsichtigt, in diesem Hafen zu entsorgen.

Nun wollen die Agenten der Häfen, diese ›Residues Forms‹ schon immer zwei, manchmal sogar drei Tage vor dem aktuellen Anlauf des Hafens haben. Die Versegelungszeiten zwischen den Häfen im Mittelmeer dauern häufig kaum länger als einen halben Tag. Das Schiff ist noch nicht einmal in einem Hafen angekommen, wenn der nächste oder gar übernächste Hafen schon sein Abfall-Statement haben will. Ich habe einem Agenten erklärt, dass ich noch nicht weiß, wie viel Müll ich in seinem Hafen an Bord haben werde, da ich noch nicht weiß, wie viel Müll ich im nächsten Hafen und im vorherigen Hafen entsorgen kann und auch nicht, wie viel Müll wir in der Zwischenzeit produzieren.

Das wäre völlig unerheblich, hat der Agent geantwortet. Niemand interessiert sich für den Inhalt der Liste. Sie wird bei den Behörden abgegeben und archiviert. Kontrolliert werden die Angaben in diesen Listen nicht. Wundern Sie sich? Ich mich nicht mehr. Es ist wieder mal ein Beispiel, wo ein im Grunde guter Gedanke von der Verwaltung in reinen Formalkram verwandelt wird.

Im westlichen Mittelmeer müssen die Generatoren mit schwefelfreien Diesel betrieben werden. Diese Hilfsdiesel produzieren Abgase, die kein, oder zumindest äußert wenig Schwefeldioxid enthalten. Die Hauptmaschine wird demgegenüber weiter mit Schweröl betrieben, dessen Schwefelgehalt nicht reduziert ist.

In Westeuropa, im Englischen Kanal und in der Nordsee wiederum darf die Hauptmaschine nur mit Schweröl betrieben werden, bei dem der Schwefelgehalt unter einem Prozent liegt; das muss auch alles nachgewiesen werden, dafür gibt es spezielle Tagebücher. Zum Ausgleich werden dann die Hilfsdiesel nicht mit schwefelfreiem Diesel betrieben, sie können auch mit schwefelreduziertem Schweröl gefeuert werden.

Nicht nur in der Währungspolitik driften die Länder auseinander, auch beim Umweltschutz macht jeder sein Ding allein. Für uns schwer zu durchschauen. Aber ich bin optimistisch. Wenn es der EU gelingt, einheitliche Standards für den Krümmungsgrad der Gurken festzulegen, wird es sicherlich irgendwann in der Zukunft auch möglich sein, standardisierte Regelungen für den Umweltschutz europaweit umzusetzen.

MS CHINA – Frühjahr 2012

Ho-Chi-Minh Stadt oder: Fischers Fritzen

Von Frankfurt nach Ho-Chi-Minh Stadt Saigon – 10.090 km.

Schon mal Barrakuda gegessen? Sie verstehen die Frage nicht? Gut, gut, ich fange am Anfang an.

Rechtzeitig vor meinem Flug hatte ich das Taxi bestellt. Und sparsam wie ich bin, auch gleich einen Festpreis ausgemacht. Festpreis plus Trinkgeld, zweimal fünfzig Euro für den Notfall ins Portemonnaie, vierzig Kilo Gepäck unterm Arm und ab zum Flughafen Frankfurt.

Der Taxifahrer lud mein Gepäck aus, während ich mich auf den Weg machte, mir einen Gepäckwagen zu besorgen. Auf allen Flughäfen der Welt greift man sich so ein Ding und legt sein Gepäck drauf. Fertig.

Nicht so in Frankfurt!

Man muss zwei Euro Pfand in den Automaten werfen, kann auch mit einem Zehneuroschein bezahlen oder mit EC-Karte. Der clevere Kapitän B. hatte weder eine Zwei-Euro-Münze noch einen Zehneuroschein und meine EC-Karte akzeptierte der Automat nicht. Ich musste den Taxifahrer bitten, mir das Trinkgeld wiederzugeben, damit ich für meine vierzig Kilo Gepäck einen Gepäckwagen bekam.

Weltflughafen Frankfurt!

Von Frankfurt nach Paris, Charles de Gaulle Airport, und von dort nach Ho -Chi -Minh Stadt, Südvietnam. Hat mir gut gefallen, ich meine nicht den Flug, sondern Saigon. Habe mir, soweit es die knapp bemessene Zeit erlaubte, die Stadt und die Sehenswürdigkeiten angesehen und jede Minute des Aufenthalts genossen. Man muss ein bisschen aufpassen, um nicht von einem Motorscooter überrollt zu werden – ansonsten fand ich's klasse.

Einsteigen und Übernahme der MS CHINA hingegen war von der übleren Sorte.

Nach zweieinhalb Stunden Fahrt von Saigon zum Hafen Cai Mep fand ich an Bord eine ziemliche Aufregung vor. Das Schiff hatte vor dem Einlaufen die Nacht auf Reede verbracht und war auch prompt beraubt worden. Diebe hatten sich Eingang in den Rudermaschinenraum verschafft und immerhin zweiunddreißig Drums mit Schmierfetten mitgehen lassen.

Drum. Kleines, meist metallenes Fässchen mit 18 bis 24 Litern Inhalt.

Und dann? Originalton aus dem Personal Department: Wie kann es denn sein, dass man dem Schiff Proviant stiehlt? Wie bei der stillen Post, war auf dem Dienstweg nach Hamburg der Teil ›Schmier‹ verloren gegangen und nur der Begriff ›Fette‹ angekommen.

Darüber hinaus war mein Vorgänger so unklug, diesen Vorfall noch auf Reede über UKW bei den Behörden anzuzeigen. Nun fand nach dem Festmachen an der Pier die selbst heraufbeschworene amtliche Untersuchung statt.

Nach zwei Stunden polizeilicher Vernehmungen verließen die Behörden das Schiff. Beim Hinausgehen schüttelte mir einer der Beamten wohlwollend die Hand und versprach mir, mich zu informieren, wenn die vietnamesische Polizei die Diebe gefasst hätte.

Als er außer Hörweite war, konnte ich vor Lachen kaum an mich halten.

Das für 16:30 Uhr geplante Auslaufen wurde von den Behörden untersagt, weil das Schiff in eine polizeiliche Untersuchung eingebunden war. Am nächsten Tag forderte der Charterer dann natürlich Off-Hire für diese Zeit. Möglicher Schaden für die Reederei: 20.000 US-Dollar, nach unten gerundet, Wert der gestohlenen Schmierfette: 4.000 US-Dollar, nach oben gerundet.

Um 19:30 Uhr, also eine halbe Stunde, bevor mein Vorgänger das Schiff verließ, brachte der Agent auch noch eine Vorladung für Kapitän F. an Bord. Er wurde aufgefordert, sich am Folgetag um 11:00 Uhr bei der Polizei einzufinden. Die Grenzpolizei hatte ihn angeklagt, ohne Erlaubnis in den Territorialgewässern Vietnams geankert zu haben. Es half nichts, dass der Agent dem Schiff diese Position zum Ankern empfohlen hatte. Die Empfehlung für diese Ankerposition hatte die ›Maritime Verwaltung der Volksrepublik Vietnam‹ abgegeben. Die ›Grenzpolizei der Volksrepublik Vietnam‹ sieht das ganz anders. Es stört auch nicht, dass an der angegebenen Position zu jeder Zeit zwanzig andere Schiffe vor Anker liegen.

Offensichtlich eine Retourkutsche. So eine Diebstahls-Anzeige versaut doch die ganze Kriminalstatistik des

Landes! Künftig wird sich Kapitän F. jedenfalls ganz genau überlegen, ob er in Vietnam noch mal eine Anzeige macht.

Sei es, wie es sei, der Mann hatte vier Monate hinter sich und war urlaubsreif. Ich sagte ihm, er solle ins Hotel fahren und sich auf den Urlaub freuen. Ich übernehme und irgendwie wird die Sache schon geklärt werden. Eine halbe Stunde danach war mein Vorgänger dann auch von Bord.

Etwas später drückte ich dem Agenten 350 US-Dollar in die Hand. Er meinte, mit dieser Summe könnten die Ansprüche aus der Anklage befriedigt werden. Und siehe da, man ließ uns am nächsten Morgen ungeschoren von dannen ziehen, hinaus nach Vung Tau-Reede.

Es erübrigt sich zu beschreiben, dass ich die nächsten Tage hauptsächlich damit verbracht habe, Statements, Reports und Erklärungen zu produzieren, um die angedrohte Off-Hire abzuwenden. Zwar sausten viele E-Mail zwischen mir und dem Charterer, zwischen dem Charterer und der Reederei und noch viel mehr zwischen mir und der Reederei hin und her, aber die eine E-Mail kam bis heute noch nicht: In der mir vielleicht einer mal sagt, wie die Sache mit der Off-Hire schließlich ausgegangen ist.

Um die fortwährende, gelinde gesagt, etwas angespannte Atmosphäre bei der Übergabe besser zu verdeutlichen, ist es wert, noch über folgendes Ereignis zu berichten. Wie bis dahin üblich, waren die Winden für unsere Festmacherleinen auf Automatik geschalten. Das heißt, die Winden hielten das Schiff mit einem kontinuierlichen Zug auf die Festmacherleinen an der Pier. Das erspart es, die Über- oder Unterlast auf den Leinen auszugleichen, die durch den

Umschlagbetrieb, beziehungsweise durch Änderung der Höhe der Gezeiten auftreten.

Um 14:15 Uhr brach aus noch immer ungeklärter Ursache die Stromversorgung für die achteren Winden zusammen. Es gab keinen akustischen oder visuellen Alarm. Die Wache bemerkte den Ausfall erst, als das Schiff sich schon zwanzig Meter von der Pier entfernt hatte und weiter in den Strom trieb. Glücklicherweise befanden sich gerade drei Schlepper in der Nähe, die auf dem Weg zur Assistenz für ein anderes Schiff waren. Sie erwischten unser Schiff eben noch rechtzeitig, bevor es auf der anderen Seite des Flusses auf Grund hätte geraten können; die Schlepper drückten unsere gute MS CHINA langsam wieder an die Pier. Eine knappe Stunde später war das Schiff wieder fest. Kosten für die Schlepper: schätzungsweise 7.000 US-Dollar, zulasten unserer Reederei.

Das Fehlen einer Klimaanlage tat ein Übriges, um die Stimmung im wahren Sinne des Wortes anzuheizen. Es war einfach kein Kältemittel mehr an Bord; die Besatzung schwitzte seit mehr als zwei Wochen gnadenlos vor sich hin. Bei Temperaturen über dreißig Grad und einhundert Prozent Luftfeuchtigkeit erweist sich auch der Schlaf als nicht unbedingt erquickend. Dementsprechend geschlaucht sahen die Jungs aus.

Die düstere Aussicht, auch mit großen Schweißflecken unter den Achseln und bedrohlichen Augenrändern für die nächsten Wochen herumzulaufen, trieb mich dazu, die Prioritäten bei der Übernahme zu setzen: Ich hatte noch nicht einmal den Koffer abgestellt, da hatte ich schon ein

Schiffshändler-Angebot geordert und für 2.500 US-Dollar Freon gekauft.

> **Freon.** Kältemittel für die Klimaanlage. Natürlicher Stoff, der nicht zum Abbau der Ozonschicht beiträgt.

Die Schifffahrtskrise ist noch nicht vorbei. Um die Auslastung der anderen Schiffe in der Linie zu verbessern, wurde die gute MS CHINA für eine Rundreise aus dem Verkehr genommen. Für fünfunddreißig Tage sollte das Schiff vor Vung Tau aufliegen.

Aus den schlechten Erfahrungen meines Vorgängers hatte ich gelernt; von unserem Ankerplatz aus war weit und breit kein Land zu sehen. Fünfundzwanzig Meilen bis zur nächsten Küste. Die Jungs auf der Brücke hatte ich vergattert, ordentlichen Gebrauch von den Scheinwerfern zu machen. Das soll gemeinhin nach außen verdeutlichen: Einbruch riskant – hier passt man auf!

Leider sah es bei uns nicht gut mit den Vorräten an Proviant aus: zweiundzwanzig Kästen Mineralwasser, acht mal zehn Liter Milch, drei Laibe Mischbrot, dreißig (in Ziffern: 30) Brötchen, kein Backpulver, kein Knoblauch, kein Ingwer, fünfzehn Kilo Holzkohle für vierundzwanzig Mann und fünfunddreißig Tage Reede. Ich habe das Toastbrot nicht gezählt, Tomaten, Gurken, Zwiebeln, Gemüse und Kartoffeln nicht abgewogen, aber ich konnte unschwer absehen, dass der Vorrat nicht ganze vierzig Tage reicht, bis wir in Hong Kong neue Verpflegung bekämen. Nicht nur Kapitän F. war in Cai Mep ausgestiegen, auch der alte Koch. Beide haben sich wohl keine großen Gedanken darüber gemacht, wie wir Zurückgebliebenen über die nächsten Wochen kommen würden.

Aber die absolut unentbehrlichen Dinge waren glücklicherweise in ausreichender Menge vorhanden: Trinkwasser, Reis und Eiscreme. Es kam also darauf an, erfinderisch zu sein.

An dieser Stelle kommen wir wieder auf den Barrakuda zu sprechen. Der Bootsmann hatte ein großes Schild mit einem Fisch darauf fabriziert. Das hielten wir hoch, wenn Fischer an unserem Schiff vorbeifuhren. Irgendwann hatten wir auch Erfolg. Nach schwierigen Verhandlungen unter Leitung des Leitenden Ingenieurs, daher wahrscheinlich der Titel, gelang es uns, zwanzig Kilo Tintenfisch allererster Qualität, die Tuben fünfundzwanzig Zentimeter lang, und drei Barrakudas von jeweils einem Meter zwanzig Länge zu ergattern. Von uns aus brachten wir Brennstoff für die Fischer ins Geschäft ein: für deren Kehlen und deren Diesel.

Barrakuda also. Mein Leitender Ingenieur ist früher bei der Fischerei gefahren; er bekam ganz glänzende Augen, als wir die drei Fische an Bord hatten. Offensichtlich ist dieser Fisch auch unter den Filipinos nicht ganz unbekannt, denn sowohl der Bootsmann als auch der Zweite Offizier waren begeistert.

Überhaupt nicht begeistert war allerdings unser neuer Koch. Ich ahnte schon Übles und ließ mir deshalb vom Koch am Nachmittag unsere Errungenschaften zeigen. Gerade noch rechtzeitig, denn der Bulettenschmied war dabei, den frischen Fisch, der noch vor ein paar Stunden gelebt hatte, einzufrieren.

So etwas halte ich für eine Sünde!

Ich ließ den Speiseplan ändern und es gab abends Tintenfisch. Nächsten Mittag Fischsuppe und abends Barrakuda-Steaks.

Den Tintenfisch hat unser Smutje auch noch einigermaßen hinbekommen. Mit etwas Zitrone und Chili schmeckte auch die Fischsuppe gar nicht soooo schlecht. Aber der in Scheiben geschnittene Barrakuda am Abend ... eine riesige Enttäuschung. In der Pfanne zubereitet, sah er aus wie gedünstet und schmeckte – nach nichts.

Smutje. Unter Landratten und in der Bundesmarine verbreiteter Begriff für den Schiffskoch. Smutje ist ein Slangbegriff und heißt eigentlich ›Schmutzlappen‹. Es ist verständlich, warum sich jeder anständige Schiffskoch dagegen wehrt, so betitelt zu werden.

Nach ein paar Wochen kannten uns die örtlichen Fischer; sie kamen fast jeden Tag vorbei, um uns Fisch anzubieten. Mal war es nur eine Handvoll irgendwelcher Fischlein, manchmal gab es richtig tollen Fisch. Einmal war ein ganz besonders großer Bursche dabei. Der Leitende Ingenieur bezeichnete ihn als ›Leoparden der Meere‹, wohl ein Marlin. Einen Meter achtzig lang, ein Maul wie eine Harpune und die Rückenflosse wie ein Segel eines Drachenbootes. Meine Filipinos waren hin und weg.

Wir waren uns auch nicht zu fein, die Fischer um deren eigenen Proviant anzubetteln: eine Handvoll Lauch, ein paar Zwiebeln, ein Bund Karotten.

Ich sehnte den Tag herbei, an dem das ewige Fisch- und Calamari-Essen ein Ende haben würde. Ich war froh, dass wir in einer Ecke noch einen alten Schinken gefunden hatten, den ich mir auf das letzte Weißbrot legte, das sich wahrscheinlich schon in der Tiefkühllast versteckt hatte, als der Schinken noch als Schwein unterwegs war. Der Schinken schmeckte ranzig, das Weißbrot alt und muffig, aber es hatte verdammt noch mal etwas, richtig zubeißen zu können.

An einem Sonnabendvormittag ging es dann unter Land, den Bart des Schiffes abrasieren. In dem warmen Tropengewässern bildet sich am Unterwasserschiff in den Wochen auf Reede beständig ein ziemlicher Bewuchs. Der sollte durch eine Taucherfirma entfernt werden. Vier Tage waren dafür eingeplant. Die Taucher kommen natürlich nicht zwanzig Meilen hinaus auf See, sondern wir mussten dichter unter Land. Da freuten sich dann auch wieder alle Räuber und Halunken. Wir mussten uns also größte Mühe geben, denen das heimliche Anbordkommen so schwer wie möglich zu machen.

Eines aber stand jetzt felsenfest: Nach der Fischorgie vor Vietnam kam wieder Bewegung in den Schiffsbetrieb – Bewegung über den ganz großen Teich, hin zum Land der unbegrenzten Möglichkeiten. Das Schiff wurde erneut im Fahrtgebiet Asien – USA-Westküste eingesetzt.

MS CHINA - Das Schiff

Details MS CHINA

Gebaut: 2006, Hyundai Werft, Samho in Südkorea

Länge über alles: 334,07 m

Breite: 42,80 m

Sommer Tiefgang: 14,52 m

Höhe Kiel bis Mast: 61,35 m

Bruttoregistertonnen: 91.649

Container-Kapazität: 8.214 TEU, 700 Reefer-Container-Anschlüsse

Bunker-Kapazität: 12.526 m3

Ballast-Kapazität: 25.225 m3

Hauptmaschine: Hyundai/MAN B&W Typ 12K98MC, 68.640 kW (92.048 PS)

5 Generatoren: mit insgesamt 12.185 kW (16.340 PS)

Bugstrahlruder: 2.500 kW (3353 PS)

Geschwindigkeit: 25,4 kn (47 km/h)

Man kann die Parameter auch anders beschreiben:

8.214 x 20-Fuß-Container in einer Reihe: 49,8 km

8.214 Container übereinander gestaut: 21,3 km (Da wird die Luft schon sehr, sehr dünn.)

Vergleichszahlen zur MS SEOUL finden Sie weiter vorn. Aber Sie ahnen mein Fazit schon: Die gute MS CHINA ist die jüngere, sexy Schwester der MS SEOUL, gut gebaut, nicht ganz so billig ...

MS CHINA

»The Captain always carries the can!«

Von Hong Kong nach Los Angeles – 6.377 sm.

Die Reise von Asien, letzter Hafen Hong Kong, über den großen Teich in die USA verlief ziemlich ereignislos. Auch der Aufenthalt hatte keine berichtenswerten Höhepunkte. Interessant wurde es erst, als Schiff und Besatzung sich daran machten, auf die Überfahrt zurück nach Asien zu gehen. Ohne Umschweife greife ich mal mitten ins Leben auf dem Schiff. Wir erleben live und in hoffentlich farbigen Worten die letzten Minuten des Aufenthalts in Los Angeles.

Die Maschine ist klar, die Besatzung auf der Manöverstation, der Lotse auf der Brücke, aber eine Gantry hat noch ihren Ausleger unten. Ich weise den Lotsen auf diesen Umstand hin, der antwortet mir, dass diese Gantry defekt sei und wir irgendwie um den Ausleger herum manövrieren müssen.

Ausleger. Anders als bei einem Kran ist der Ausleger einer Gantry so konstruiert, dass man den nach oben klappen kann, um den Schiffen das ungehinderte Manövrieren zu ermöglichen. Es bestünde sonst die Gefahr, dass die Aufbauten, Masten oder der Schornstein des jeweiligen Schiffes den Ausleger berühren.

Nach kurzer Überlegung lehne ich das ab. Wenn unser Schiff die USA anläuft, müssen wir jeden noch so kleinen Defekt der US Coast Guard melden. Wir müssen jede Menge Tests durchführen und Nachweise erstellen, dass an Bord alles in Ordnung ist. Gleichzeitig droht man dem Kapitän, für kleinste Vergehen mit immensen Strafen. Beispiele gefällig?

- Ein (in Ziffern: 1) Schreibfehler in der Besatzungsliste, beispielsweise ›Klaas‹ statt ›Claas‹, kostet 5.000 US-Dollar – wie gesagt, pro Schreibfehler, nicht pro Liste.
- Falls Ballastwasser, nicht etwa Bunkeröl!, aus Versehen über Bord geht, etwa durch Overflow, ist eine Strafe von 35.000 US-Dollar pro Tag und Vorfall fällig. Ein Wassereimer voll genügt schon. Ballastwasser versehentlich über Bord zu pumpen, kostet 200.000 US-Dollar pro Tag und Vorfall.

  Overflow. Englischer Begriff für das Überlaufen eines Tanks.
- Sollte Öl ins Wasser gelangen, und sei es aus einer geplatzten Hydraulikleitung der Winden an Deck, verbringt der Kapitän die nächsten Tage in einem Gefängnis.

Und mir stellt man eine Gantry in den Weg? Nein, da mögen Wasser oder Öl auslaufen, ich laufe nicht aus.

Lotse: »Kapitän, Sie müssen auslaufen.«

Ich: »Nein.«

Hört sich alles so lässig an, war es aber nicht. Man kann aus der aktuellen Situation nicht alle Konsequenzen am Ende absehen. Aber ich zählte darauf, dass die Gesamtlage – Sicherheit des Schiffs und der Gantry – im Falle irgendwelcher Folgen für mich sprechen würde.

Gleichgültig, wie sich ein Kapitän in einer Zwangslage entscheidet, die Folgen seiner Entscheidung trägt er allein. »The Captain always carries the can!«

Der Lotse informiert die Lotsenstation, die Lotsenstation informiert den Terminal: »Das Schiff läuft nicht aus, solange die Gantry nicht aus dem Weg ist.«

Terminal. Betreiber des Pierabschnitts, an dem das Schiff be- und entladen wurde.

Dreißig Minuten später hebt sich der, nun ja, nennen wir es mal ›defekte‹ Ausleger der Gantry – auch ohne Reparatur. Wir laufen aus. Beim Verlassen der MS CHINA sagt der Lotse zu mir: »Kapitän, bei Ihnen habe ich heute was gelernt!«

Das ging runter wie Öl. Zumindest für ein paar Augenblicke gab es Selbstbestätigung.

Wir sind also auf dem Rückweg von Los Angeles nach Asien, haben eine tatsächlich ruhige Überfahrt und an und für sich keinen Stress erwartet. Nächster Hafen gemäß Fahrplan wäre eigentlich Nansha, China, nahe Hong Kong, aber vorgestern überraschte uns der Charterer mit einem zusätzlichen Anlauf von Shanghai-Stadthafen. Das heißt: Im engen Fahrwasser geht es den Fluss hinauf, sechzig Seemeilen durch ein Getümmel von Küstenfahrzeugen, die sich an keine Regel halten, beraten von den schlechtesten, aber auch arrogantesten Lotsen der Welt, mit beinahe im Wortsinn nur einer Handbreit Wasser unter dem Kiel – und das alles in einer Jahreszeit, die bekannt ist für ihren dichten Nebel.

Sechstausend Tonnen Ladung erwarten das Schiff in Shanghai für die nächste Rundreise nach Nordamerika, der größte Teil davon Feuerwerkskörper. Der 4. Juli, der

Nationalfeiertag der USA, steht vor der Tür und wir gehören zu den Auserwählten, die den Knallköpfen die dazugehörigen Knallkörper und das bengalische Feuer in die Staaten bringen dürfen.

Wir sollen circa fünftausend Tonnen Feuerwerkskörper laden. Zugegeben, das meiste davon ist reine Verpackung. Achtzig Prozent? Trotzdem. Ich selbst habe die HANJIN PENNSYLVANIA noch vor Singapur brennen sehen. Ursache für den Brand an Bord dieses Schiffes waren Feuerwerkskörper, die vom Verfrachter nicht als Gefahrgut deklariert waren. Arglos wurden diese Container neben den beheizten Schweröltanks gestaut und neben diesen Tanks heizte sich der Inhalt dieser Container so weit auf, dass es zur Selbstentzündung kam.

> **Beheiztes Schweröl.** Schweröl hat eine sehr hohe Viskosität. Noch in den Sechzigern wurde dieser Abfall der Raffinerien als Asphalt zum Straßenbau verwendet. Um das Schweröl vom Tank zur Hauptmaschine pumpen zu können, muss es im Tank auf circa 80 Grad erwärmt werden.

Wir werden über die vom Gesetzgeber geforderten Sicherheitsmaßnahmen hinaus, ich Ronden in den Laderäumen gehen lassen und Temperaturen aller Container messen. Bei den DG-Containern zweimal täglich und sicherheitshalber die anderen in China geladenen Container mindestens alle zwei Tage einmal. Über die deklarierten Gefahrgut-Container mache ich mir wenig Sorgen, Gefahr geht von den nicht deklarierten aus. Wenn wir in Unkenntnis des wahren Inhalts der geladenen Container Feuerwerkskörper neben unseren beheizten Schweröltanks stellen, wird es den Knallkörpern auch in ihrer dicken Verpackung warm. Und dann wird aus der schützenden

Verpackung die Hülle, die aus einem einfachen Böller eine Granate macht.

Ronden. Seemännischer Ausdruck für einen Sicherheitsrundgang.

DG. Eigentlich Dangerous Goods. Gefahrgut.

Trotzdem, Feuerwerkskörper aus China in die USA zu bringen, ist mir lieber als normales Stückgut nach Mombasa.

MS CHINA

Die besten Kapitäne sitzen an Land

Von Los Angeles nach Shanghai – 6.291 sm.

Wie Siegfried mit dem Drachen habe ich eine Schlacht mit ›WNI Oceanroutes‹ geschlagen, einer Firma, die gegen ein mehr oder weniger kleines Entgelt Routen-Empfehlung für die Überquerung der Ozeane gibt. Beauftragt wird die durch den Charterer.

Wobei . . . Drache und das Schwert - was für ein Anachronismus! Denn in der Neuzeit führt man derlei Auseinandersetzungen per E-Mail.

Oceanroutes gab uns eine Empfehlung für den Weg von den USA nach Asien. Das Unternehmen wollte uns bis hinauf und hinter die Aleuten ins Beringmeer und dann entlang der russischen Kurilen hinunter nach China schicken. Das hätte uns in den Pfad der Sturmtiefs gebracht, die über den Nordpazifik ziehen. Zumindest Nebel, dann Regen und später Eis wären unsere Begleiter für mehrere Tage gewesen, selbst wenn wir von den gefürchteten Orkanen verschont geblieben wären. Nun sitzen diese Meteorologen, die uns die Empfehlung geben, in einem warmen Büro – in diesem Fall in San Francisco – und haben eine ganz andere Sicht auf die Dinge. Ungefähr diese: Die Schiffe sind stabil gebaut, die Seeleute werden dafür bezahlt und 160 eingesparte Seemeilen sind nicht viel, aber immerhin etwas. Diese

Einsparung ist der eigentliche Grund, warum der Charterer die Empfehlung abfragt.

Aber der Begriff ›Empfehlung‹ ist irreführend. Warum? Folgt man der Empfehlung und nimmt durch schlechtes Wetter Schaden an Schiff oder Ladung, lautet, je nach Umfang des Schadens, die offizielle Meinung zumindest der Reederei: Die letzte Entscheidung liegt beim Kapitän. Unabhängig von der Größe des Schadens zuckt Oceanroutes mit den Schultern, sie haften mit keinem Cent. Für den Kapitän sieht die Sache natürlich anders aus.

Andererseits, folgt man der Empfehlung von Oceanroutes nicht, muss der Kapitän seine Entscheidung gegenüber der Reederei schriftlich begründen. Das ist nicht mit ein paar Sätzen abgetan und wird dadurch erheblich erschwert, weil der Grund ›schlechtes Wetter‹ an sich nicht genügt. Schlechtes Wetter ist normal – siehe oben.

Die einzig gültige Begründung: das Einsparen an Treibstoff. Vermutet der Charterer, dass auf der Route des Kapitäns mehr Treibstoff verbraucht wurde als bei der Nutzung der Oceanroutes-Route, kann (und häufig tut er das auch) der Charterer die Mehrkosten von der Reederei zurückfordern.

Ein Kollege von mir, Kapitän V., hat zur Begründung angegeben, dass auf der nördlichen Route keine Wartungsarbeiten an Deck möglich seien. Den Charterer interessiert der Wartungszustand des Schiffes nur indirekt. Was würden Sie zu dem Fahrer sagen, wenn das von ihnen gemietete Taxi während ihrer Fahrt eben mal zwischendurch in die Waschanlage fährt? So hat diese Begründung der

Reederei eben mal 60.000 US-Dollar gekostet. Also versucht die Reederei, sich abzusichern.

Im Grunde ist es unmöglich zu beweisen, dass man auf der selbst gewählten Route besser gefahren wäre als auf der von Oceanroutes empfohlenen. Es fährt ja kein anderes Schiff parallel die andere Route. Wie soll man die Ergebnisse nachmessen und vergleichen? Das gilt zwar auch umgekehrt. Aber da Oceanroutes sich überflüssig machen würde, wenn sie dem Kapitän recht gäbe, verfahren die Meteorologen in der Praxis nach der vom Herrn Fregattenkapitän U. P. entdeckten philosophischen Grundregel: »Eine starke Behauptung ist besser als ein schwacher Beweis.«

Diesmal hatte ich Glück gehabt. Nachdem ich zwei Tage auf der von mir gewählten Route gesegelt war, hat offensichtlich der diensthabende Meteorologe bei Oceanroutes gewechselt. Ich bekam eine Mail, in der die von mir geplante Route als besonders günstig bezeichnet wurde. Offensichtlich hatte der neue Diensthabende nicht mitbekommen, dass die von mir gewählte Route überhaupt nicht von Oceanroutes empfohlen worden war. Für diese Reise konnte niemand etwas gegen meine Entscheidung vorbringen.

Und: Wir hatten hervorragendes Wetter.

MS GERMANY – Sommer 2012

Festkommen im Suezkanal – kein Fest für die Beteiligten

Von Frankfurt nach Singapur – 10.266 km.

Die Übergabe in Singapur war etwas ungewöhnlich: Wann gibt es beim Handover schon mal ein Küsschen auf die Wange? Mein Vorgänger hatte seine Frau Astrid seit Piräus mit an Bord. Astrid hat es sich nicht nehmen lassen, mich ausgiebig zu umarmen. Wahrscheinlich war sie froher, vom Schiff herunterzukommen, als sie es ihrem Peter gestehen wollte.

Dann hat mir mein Kollege gezeigt, dass er die Übergabe sorgfältig vorbereitet hat: Büroklammern standen auf dem Schreibtisch und im Schubfach unter dem Drucker lagen ausreichend Kopierpapier und Reserve-Tintenpatronen bereit. Astrid hatte seinen Overall gewaschen und Duftkerzen auf den Tisch gestellt. Daneben hatte sie fünf Miniriegel Schokolade gelegt, die sich dann tatsächlich als der beste Teil der Übergabe herausstellten.

Zwar bin ich für Sparsamkeit, trotzdem werde ich den getragenen Overall nicht anziehen. Mein Kollege hat nicht meine Größe, in der Höhe schon, aber nicht im Umfang. Wenn ich also einen Overall anziehen sollte, würde sich für mich bestimmt auch ein ungetragener finden.

Die Duftkerzen habe ich gleich in den Mülleimer befördert. Mal ehrlich, meine Herren, nichts geht an Bord über den Geruch von Männerschweiß und alten Socken.

Flugs noch die notwendigen Unterschriften und die eigentliche Übergabe war in einer knappen Stunde erledigt. Peter ist von meinem Schlag; wenn ich irgendwann etwas würde suchen müssen, werde ich es bestimmt auch finden. Ich war überzeugt, er hinterlässt mir keine Leiche im Keller.

Nicht ganz zwei Wochen später blockierte das Ruder auf Hart-Steuerbord und das Schiff lief im Suezkanal auf Grund. Der Erste Offizier würde mir später erzählen, dass die Ruderanlage schon vor meinem Einsteigen einige Male Alarme gegeben hat. Diesen Alarmen ging niemand auf den Grund. Ich erfuhr auch, dass die Ingenieure seit Wochen in regelmäßigen Abständen Hydrauliköl für die Pumpen der Rudermaschine nachfüllten. Niemand hatte sich Gedanken gemacht, wohin denn das Hydrauliköl verschwindet.

Unterm Strich, die Havarie hatte sich schon vorher angekündigt, aber niemand hat die Zeichen ernst genommen. Mein Freund Peter hatte mir, fraglos unbewusst, doch eine Leiche im Keller hinterlassen. Was helfen da die sortierten Büroklammern und die angespitzten Bleistifte?

Also, wie war das mit dem Festkommen im Suezkanal?

Festkommen. Ein Schiff gerät außerhalb des Fahrwassers und kommt auf dem Grund fest, schwimmt also nicht mehr frei.

Von Singapur aus, nach etwas mehr als zehn Tagen Seereise, ging das Schiff gegen 23:00 Uhr auf der Suezkanal-Transit-Reede vor Suez vor Anker. Um 05:00 Uhr begann der normale Transit in Richtung Norden. Nach zehn Stunden ermüdenden Transits näherte sich die Passage ihrem Ende. Der Lotse packte bereits seine Siebensachen, um in wenigen Minuten das Schiff zu verlassen. Ich überschlug im Kopf die noch vor mir liegende Zeit auf der Brücke: Ob ich rechtzeitig zum Abendbrot die Brücke verlassen könnte. Aber: Die Küken werden im Herbst gezählt!

Das Schiff vor uns im Konvoi scherte aus dem Transit-Kanal heraus und lief zum Port-Said-Container-Terminal. Dabei verminderte es seine Fahrt und wir schlossen schneller zu diesem vorausfahrenden Schiff auf als beabsichtigt. Unsere Maschine musste zeitweise gestoppt werden. Um das Schiff in der Mitte des Kanals zu halten, gab der Lotse die entsprechenden Ruderkommandos. Völlig aus heiterem Himmel blieb das Ruder auf Hart-Steuerbord liegen und bewegte sich nicht mehr. Konsequenterweise drehte das Schiff nach Steuerbord.

Und lief auf Grund.

Alarmsignale schallten durch die Brücke und die Störung ›Rudermaschine ausgefallen‹ wurde angezeigt. Als ob wir das nicht bemerkt hätten! Mein diensthabender Zweiter Offizier griff zum Telefon; wie er sagte, wollte er die Ingenieure über den Ausfall der Rudermaschine informieren. Im Maschinenkontrollraum laufen die gleichen Alarme auf wie auf der Brücke. Wenn man da unten bis jetzt nicht mitbekommen hätte, dass die Rudermaschine ausgefallen war, mussten die Maschinisten taub und blind sein.

Maschine auf ›Voll zurück‹, Anker fallen lassen, Lage im Kanal bestimmen und Warnung an die nachfolgenden Schiffe herausgeben – das hatte jetzt erste Priorität. Es half alles nichts mehr. Nach weniger als einer halben Minute war unser gutes Schiff an der Böschung des Suezkanals festgekommen.

Fünf Stunden dauerte es, bis das Schiff mithilfe von drei Schleppern und stundenlangem Einsatz der Hauptmaschine auf ›Zurück‹ wieder freikam. Die etwa zwanzig Schiffe, die hinter uns im Konvoi fuhren, waren ›gefangen‹, mussten im Kanal warten, bis wir die Durchfahrt wieder freigaben.

Als der erste Schreck überwunden, die dringlichsten Sicherungsmaßnahmen abgeschlossen und die Abbergung eingeleitet worden war, informierte ich die Reederei. Dort wurde sofort ein Team zusammengestellt; es stand in Bereitschaft, um mir gegebenenfalls Beratung und Unterstützung zukommen zu lassen. Ohne viel Herumgerede wurden die hier an Bord getroffenen Maßnahmen bestätigt und wesentliche Hinweise gegeben. Alles lief sehr professionell ab. Man merkte, die Kollegen im Büro saßen nicht das erste Mal bei einer solchen Situation zusammen. Es wurde keinerlei zusätzlicher Druck auf mich ausgeübt, und ich hatte das beruhigende Gefühl, kompetente Berater an der Seite zu haben.

Nachdem unsere stundenlangen Versuche, das Schiff wieder freizubekommen, schließlich erfolgreich waren, hatten wir ein Problem. Wir waren in die verkehrte Verkehrsrichtung freigekommen. Das heißt, der Bug zeigte südwärts und die Schraube in Richtung des nördlichen Ausgangs des Suezkanals. Wir mussten ein Stück südwärts im Suezkanal laufen und dann in das Fahrwasser zum Port-

Said-Container-Terminal eindrehen und diesen Seitenweg nutzen, um den Suezkanal zu verlassen. Ich befürchtete, dass man uns noch weitere Stunden zur behördlichen Untersuchung des Vorfalls festhalten würde.

Aber nein, überraschend unbürokratisch verhielt sich die Suezkanalbehörde: »Laufen Sie aus, machen Sie den Suezkanal wieder frei. Bei Gelegenheit schicken Sie uns einen Report.«

Das war alles. Für den Moment.

So einfach war das mit der Reederei nicht. Die wollte den Report sofort. Nach weiteren zwei Stunden konnte ich die Brücke verlassen und setzte mich an meinen Computer, um den Report zu verfassen.

Und nun? Nun, was soll ich sagen, der Computer war abgestürzt und fuhr nicht wieder hoch. Wir nennen es ›Murphy's Law‹: Alles was schiefgehen kann, geht auch irgendwann schief. Also erst den Computer reparieren und dann den Bericht schreiben. Auch diese Nacht wurde wieder lang.

Während der nächsten Passage des Suezkanals, südgehend, fuhr das Schiff vor uns im Konvoi, die MS ILONA, zu dicht an die Böschung und dabei eine der Markierungsbaken um. Von diesem kleinen Unfall, machten wir von unserem Schiff aus sogar Fotos. Zwei Wochen später, als die gute MS GERMANY in Singapur fest war, erhielt ich über die Reederei eine Vorladung zu einer Seeamtsuntersuchung der Suezkanalbehörde, die am übernächsten Tag stattfinden sollte. Es war mir völlig unmöglich, dieser Untersuchung persönlich beizuwohnen.

Der Vorladung war zu entnehmen, dass man unser Schiff anklagte, eine Markierungsbaken im Suezkanal umgefahren zu haben.

Vertreter des P&I-Clubs unseres Schiffes nahmen an meiner statt an der Untersuchung teil. Ihnen übermittelte ich meinen Bericht und unsere Fotos. Die Reederei winkte ab. Ohne zu murren wurden 10.000 US-Dollar zum Ersatz einer neuen Markierungsbake bezahlt. Das ginge schon in Ordnung, meinte man in Hamburg. Die Suezkanal Behörden hätten aus dem Festkommen der MS GERMANY im Kanal viel mehr herausschlagen können. 10.000 US-Dollar waren regelrecht bescheiden. Ich denke, Hamburg hatte recht.

Normalerweise folgen jetzt ein paar technische Daten zum Schiff. Bei der MS GERMANY erübrigt sich das, da sie die Zwillingsschwester der MS CHINA ist. Ja, Zwillingsschwester trifft es: Die Schiffe haben nicht nur identische technische Daten, sie sind am gleichen Tag vom Stapel gelaufen und am gleichen Tag in Dienst gestellt worden. Wie bei menschlichen Zwillingen, gibt es feine Unterschiede, die sich dem erschließen, der die Zwillinge länger kennt. Es ist schwer zu erklären, aber irgendwie stand die MS GERMANY mir näher als die MS CHINA. Auf der MS GERMANY war alles ein kleines bisschen besser. Die Anlagen funktionierten zuverlässiger, die Aufbauten waren gepflegter, Maschinenraum und Deck sauberer und das Essen schmeckte besser. Vielleicht war es das.

MS GERMANY

Vier Grundrechenarten und viele Unbekannte

Von Singapur nach Suez-Transit-Reede – 5.007 sm.

Es sind fast genau 5.000 Seemeilen von der Lotsenstation Singapur bis zur Transitreede für den Suezkanal. Der Charterer schrieb vor, dass das Schiff am 23. des Monats um 01:00 Uhr auf der Reede ankommen sollte.

Wer die vierte Klasse mit Erfolg absolviert und einen Taschenrechner zur Hand hat, wird in wenigen Augenblicken ausrechnen können, dass wir 18,6 Knoten laufen müssen, um pünktlich vor Suez anzukommen, wenn das Schiff Singapur am heutigen Tag um 18:00 Uhr verlassen hat.

Sehr einfach.

Laut Fahrttabelle brauchen wir 69 Umdrehungen, um die benötigten 18,6 Knoten laufen zu können. Also die Umdrehungen der Hauptmaschine auf ›69‹ einstellen und sich die nächsten elf Tage nicht mehr auf der Brücke blicken lassen.

Einfach.

Es ist überhaupt nicht einfach.

Der nautisch erfahrene Leser wird an dieser Stelle den Finger heben und auf Strom und Wind hinweisen. Na gut, zwei, drei Umdrehungen mehr oder weniger, die Versetzung wird ausgeglichen und das ETA passt.

ETA. Estimated Time of Arrival, die voraussichtliche, ungefähre Ankunftszeit.

So einfach könnte Nautik sein, wenn der Leitende Ingenieur Heckert hieße oder Chief Kugitzsch im Maschinenraum das Sagen hätte. Auf der guten MS GERMANY nun hieß der Chief Schulz und darum stand, während seines Einsatzes, der Bereich der Umdrehungen von 66 bis 74 nicht zur Verfügung.

Chief. Der an Bord übliche umgangssprachliche Ausdruck für den Leitenden Ingenieur des Schiffes. Zur Unterscheidung: Der Erste Offizier wird Chiefmate genannt.

Im genannten Bereich schalten sich die Lüfter beim Hochfahren der Hauptmaschine automatisch zu und beim Herunterfahren automatisch ab. Mit ingenieurtechnischer Weisheit hat es der Maschinenhersteller eingerichtet, dass man die Lüfter auch manuell zu- oder abschalten kann, sollte man für längere Zeit im Bereich 66 bis 74 Umdrehungen fahren. Beim manuellen Modus kann man also wiederholtes Zu- und Abschalten der Lüfter bei Lastwechsel verhindern. Das Betriebshandbuch der Maschine, sowie Chief Heckert und Chief Kugitzsch, halten diese Einrichtung für sinnvoll und ausreichend.

Chief Schulz jedoch nicht.

Nun kann man als Kapitän die Muskeln spielen lassen und festlegen, 69 Umdrehungen werden gefahren. Die Maschine ist dafür ausgelegt und Punkt. Davon ist abzuraten. Sollte nach dieser Anweisung des Kapitäns auch nur ein Abflussrohr der Fäkalienanlage verstopft sein oder die Beleuchtung der Mikrowelle in der Offiziersmesse ausfallen … Ursache wird ohne Zweifel die Fehlentscheidung des Kapitäns sein, die Lüfter der Hauptmaschine auf Handbetrieb zu fahren. ›Gebt dem Kaiser, was des Kaisers ist‹, ist die bessere Lösung – und lasst den Leitenden Ingenieur sein Reich regieren. Verweise auf das unterschiedliche Herangehen der anderen Leitenden Ingenieure, sollte man tunlichst unterlassen, sofern man weiterhin an einem freundlichen Umgang mit dem gegenwärtigen Chief interessiert ist.

Am Ende läuft es darauf hinaus, dass man einen Teil der Reise mit 74 Umdrehungen einen anderen Teil mit 65 Umdrehungen fährt, sodass im Schnitt circa 69 Umdrehungen herauskommen.

Im Ansatz richtig, aber da der Verbrauch der Hauptmaschine bei Laststeigerung nicht linear, sondern quadratisch verläuft, muss man anteilmäßig etwas mehr 65 Umdrehungen drehen als 74 Umdrehungen, um auf den gleichen Verbrauch für 69 Umdrehungen zukommen.

Es geht aber noch weiter.

In regelmäßigen Abständen muss die Hauptmaschine hochgefahren werden, um die Turbolader zu ›waschen‹. Ohne Zweifel gibt es auch hier eine Empfehlung des Maschinenherstellers, wie das zu geschehen hat. Aber jeder Leitende Ingenieur hat eine eigene Auffassung, was gut für seine Maschine ist. Der eine Ingenieur wäscht seine Turbolader mit Walnuss-Granulat, der andere mit Reis und der dritte wiederum ganz konventionell mit Wasser. Der eine Ingenieur glaubt, einmal die Woche die Turbolader zu waschen, reiche aus. Der andere Chief wäscht jeden Tag. Der dritte überhaupt nicht. Der eine Chief braucht eine Stunde zum Waschen; Chief Schulz mindestens drei, manchmal auch vier Stunden. In der Regel lässt er die Turbolader alle drei

Tage waschen, manchmal ist die Waschung aber schon nach zwei Tagen nötig, es kommt auch vor, dass das Intervall vier Tage beträgt. Es erschließt sich mir nicht, wo die Gründe für diese unterschiedlichen Prozederes liegen. Da wir beim Turboladerwaschen mit Chief Schulz auf 82 Umdrehungen gehen, laufen wir in dieser Zeit gut zweiundzwanzig Knoten, was die ETA-Berechnung schon wieder durcheinanderbringt.

Aber auch das ist noch nicht das Ende.

Nächste Unbekannte in der Gleichung zur Berechnung der erforderlichen Geschwindigkeit: das Piratengebiet im Indischen Ozean bis hin zum Horn von Afrika, durch den Golf von Aden ins Rote Meer hineinreichend.

In dem von der Bundesrepublik Deutschland für das Schiff zugelassenen und vorgeschriebenen ›Ship's Security Plan‹ soll das Schiff während der Passage der ›High Risk Areas‹ mit ›Maximum Save Speed‹, also mit möglichst hoher, gleich wohl sicherer Geschwindigkeit laufen. Das wären für unsere gute MS GERMANY sichere fünfundzwanzig Knoten. Der Charterer, der den Treibstoff bezahlen muss, ist natürlich entsetzt über die Aussicht, dass das Schiff so schnell laufen und dementsprechend viel Treibstoff, rund 250 Tonnen am Tag, verbrennen könnte. Also schreibt er an die Schiffe, dass die selbst in der ›High Risk Area‹ nicht mehr als zwanzig Knoten laufen dürfen.

Ganz abgesehen davon, dass so eine Festlegung am Schreibtisch in Shanghai schnell getroffen wird, sie aber an Bord eines Schiffes im Piratengebiet eine Missachtung der Sicherheit der Besatzung darstellt, widerspricht diese Forderung des Charterers den Vorgaben der

Bundesregierung, verankert durch das Bundesamt für Seeschifffahrt und Hydrographie in dem für das Schiff geltenden Ship's Security Plan, siehe oben.

Auf den schriftlichen Einspruch des Kapitäns, dass er sich das Recht vorbehalte, im Falle einer drohenden Gefahr für Schiff und Besatzung die Geschwindigkeit des Schiffes auch über zwanzig Knoten zu erhöhen, reagiert der Charterer überhaupt nicht.

Also bittet der Kapitän den Eigener, sich mit dem Charterer in Verbindung zu setzen und die Sachlage zu klären. Eine freundliche E-Mail geht von Hamburg nach Shanghai, bewirkt aber auch keine sichtbare Reaktion bei den chinesischen Managern. Kein Wunder, denn die E-Mail aus Hamburg ist mehr freundlich als druckvoll. Im vierten Jahr der Schifffahrtskrise ist das durchaus verständlich. Kein Reeder will einen seiner größten Charterer verärgern. Das Büro in Hamburg steckt in der Klemme. Man kann! dem Kapitän nicht vorschreiben, nur zwanzig Knoten zu laufen, weil das gegen die Festlegung des amtlich vorgeschriebenen ›Security Plans‹ verstoßen würde. Man will! dem Kapitän nicht vorschreiben, nicht schneller als zwanzig Knoten zu laufen, weil man ja auch wirklich nicht möchte, dass ein eigenes Schiff in die Hände der Piraten fällt. Aber dem Charterer will man auch zu Diensten sein. Also hebt man vorsichtig und mit beschwichtigendem Lächeln den Zeigefinger, erwähnt am Rande die vorhandenen Regularien und hofft auf das Verständnis des Kapitäns, dem Charterer doch entgegenzukommen und unter den zwanzig Knoten zu bleiben.

Der Kapitän hat natürlich absolut Verständnis für die Nöte der Reederei. Er weiß durchaus, wer monatlich seine Heuer überweist. Und da seine vergangene Passage durch das High Risk Area ja ohne besondere Vorkommnisse verlief, plant er diesmal, während des Transits durch das Piratengebiet zwanzig Knoten Geschwindigkeit nicht zu überschreiten.

Aber kaum hat der Kapitän – gleich am Morgen nach dem Eintritt in das gefährdete Gebiet – die Sicherheitsstufe des Schiffes erhöht, flattert ihm eine Meldung auf dem Tisch: Ganz in der Nähe hat eine Piraten-Angriffsgruppe (PAG) versucht, ein Schiff zu kapern. Also beschließt der Kapitän, während der Hoch-Zeit der Piratenangriffe (in den frühen Morgenstunden nach Sonnenaufgang) schneller als zwanzig Knoten zu laufen – und, als rechnerischer Ausgleich sozusagen, am Nachmittag deutlich unter zwanzig Knoten zu gehen, um im Tagesdurchschnitt die zwanzig Knoten nicht zu überschreiten.

PAG. Wahrscheinlich von Pirate Attack Group. Gewöhnlich wird im Golf von Aden der Angriff auf ein Handelsschiff durch eine Gruppe schneller Skiffs durchgeführt, die versucht, das Schiff einzukreisen und den Weg abzuschneiden.

Eines sollte ich noch erwähnen: Die Festlegung des Piratengebietes ... das ist nämlich so eine Sache.

Es gibt eigentlich nicht das eine Piratengebiet. Es gibt auf den Weg unseres Schiffes mindestens vier verschiedene als Piratengebiete erklärte Areale. Das größte Piratengebiet ist jenes, für das die Versicherung des Schiffes die Grenzen abgesteckt hat und damit vom Reeder erhöhte Gebühren abfordert. Das nächst kleinere Gebiet ist durch die Bundesrepublik Deutschland als solches erklärt worden; sie fordert, ein höheres Sicherheitsniveau zu erfüllen, Sicherheitsstufe 2. Dann gibt es ein Gebiet, welches das Militär als piratengefährdet bezeichnet. Dieses Gebiet ist das zweitkleinste.

Das mit Abstand allerkleinste erklärte Piratengebiet, ist das Gebiet, das die Gewerkschaft mit den Reedern als piratengefährdete High Risk Area festgelegt hat; dort bekommen die Schiffsbesatzungen eine Gefahrenzulage (Stand 2012). Um dieses Gebiet in der Karte zu finden, benötigt man eine Lupe.

Und hier zeigt sich dann das Leben wieder in seinen Widersprüchen. Natürlich wollen wir durch das Piratengebiet so schnell wie möglich durch. Wer setzt sich schon gerne solch einer Gefahr aus?

Aber dann kommt das Tarifgebiet, in dem die Besatzung Gefahrenzuschlag bekommt. Wenn man richtig schnell ist – ich rede von fünfundzwanzig Knoten und mehr –, kann man diese Strecke an einem Tag hinter sich bringen. Das ist gut fürs Gemüt, aber nicht gut für die private Brieftasche. Also wird so gefahren, dass man sich mindestens zwei Tage in diesem Piratengebiet aufhält. Die Argumentationskette sieht so aus: 21,5 Knoten sind schnell genug, bei Bedarf kann man ja zügig noch schneller werden und man verbraucht nicht so enorm viel Treibstoff – der Charterer wird es danken. Man kann also den Aufenthalt in diesem Piratengebiet auf ... sagen wir mal ... ja, auf achtundzwanzig Stunden ausdehnen.

Und nun heißt es, clever zu sein: Wenn man im Piratengebiet um 22:00 Uhr ankommt, stehen die zwei Reststunden des Tages schon für einen Tag Gefahrenzulage.

Dann addiert man von Mitternacht bis Mitternacht den zweiten Tag und von Mitternacht bis 02:00 Uhr den dritten Tag. Merke, der Rubel rollt, wenn man richtig ankommt. Es wird also gerechnet und gezirkelt, um die richtige Ankunftszeit zu erwischen.

Hat bei uns auch ganz gut geklappt. Anfänglich jedenfalls. Dann aber waren wir um einiges zu schnell, sodass wir doch tatsächlich um 21:00 Uhr aus dem Gefahrenzulage-Gebiet herausgekommen wären. Also wurde die Fahrt weiter reduziert. Argument: Man ist ja nicht mehr im Kerngebiet und auch von achtzehn Knoten kann man schnell wieder hochfahren und natürlich, man spart Treibstoff! Es ist nicht ganz das, was der Ship's Security Plan vorsieht. Trotzdem hätte auch diese Geschwindigkeitsreduzierung nicht gereicht. Aber wir sind ja clever! Die Reise des Schiffes geht durch mehrere Zeitzonen. So stellten wir die Uhren – und zwar nicht nur eine Stunde, sondern gleich zwei. Der eine Tag hatte dann eben nur zweiundzwanzig Stunden. Und somit verließen wir erst am nächsten Tag um 00:30 Uhr das Piratengebiet. Summa summarum: drei Tage Gefahrenzulage.

Dieses Beispiel ist schon bezeichnend. Alle stellen Forderungen, die Piratengefahr einzudämmen, aber wenn es um den eigenen Geldbeutel geht, wirkt die Gefahr plötzlich gar nicht mehr so groß. Schnell auf Holz klopfen, damit die Realität uns nicht in Gestalt eines schnellen Skiffs einholt und uns eines Besseren belehrt.

Übrigens haben auch andere Schiffe wohl einen ähnlichen Tarifvertrag wie wir: Auf gleicher Höhe mit uns ist ein Schiff von Maersk, auf dem die Besatzung offensichtlich ebenfalls versucht, erst morgen aus dem Tarifgebiet herauszufahren.

MS GERMANY – Winter 2013

Santos, Ärger schon am ersten Tag

Von Frankfurt nach Santos – 9.879 km.

Mein Steward hat heute früh meine Bettwäsche gewechselt. Ein sicheres Zeichen dafür, dass ich schon mindestens eine Woche, vielleicht sogar schon zehn Tage, an Bord bin bei diesem neuen Einsatz.

Der Flug war wie gewöhnlich, nichts Besonderes zu berichten.

Links von mir saß ein Sumo-Ringer und rechts der Zwillingsbruder von Dirk Bach. Als ich meine zweite Dose Bier verlangte, funkelte mir der Flugbegleiter einen derartig innigen Blick zu, dass ich mich schämte und mir vornahm, intensiv über Abstinenz nachzudenken. Über die Qualität des Essens kann ich nichts sagen. Mangels Manövrierfreiheit meiner Arme konnte ich das Besteck nicht auspacken, geschweige denn kultiviert essen. Ich hätte ja mit den Fingern gespeist, aber es war nicht abzusehen, wann ich Gelegenheit haben würde, mir die Finger zu waschen. Vor dem Essen auf keinen Fall … Fand ich nicht so toll. Das Einzige, was blieb, war Trinken, aber … siehe oben. Flugbegleiter Funkel-Auge!

Spannend war die Fahrt von Sao Paulo nach Santos, zweifellos. Die Straßen sind eine Herausforderung für Reifen, Felgen und Stoßdämpfer. Sie fordern die volle Aufmerksamkeit des Fahrers und erhebliche Leidensfähigkeit des verwöhnten europäischen Beifahrers. Für die einhundert Kilometer brasilianischer Autobahn brauchten wir fast drei Stunden. Ein Bild, das ich beim Vorbeifahren nur für wenige Augenblicke gesehen habe, hat sich mir eingeprägt wie ein Foto: ein durch Sicherheitskräfte geschützter verunglückter Geldtransporter. Der lag mitten auf der Straße auf der Seite. Da war was los! Zwar flogen keine Geldscheine durch die Luft, aber es standen genug Leute um das Fahrzeug drum herum, die darauf hofften. Glücklicherweise spielte sich das dadurch verursachte Verkehrschaos in der Gegenrichtung ab.

Die Temperaturen in Brasilien lagen zwischen angenehmen 19 und 22 Grad, leider von ausdauernden, kräftigen Regenfällen begleitet. Also blieb ich am ersten Abend im Hotel und schlief mich richtig aus.

Danach einen ganzen Tag zur freien Verfügung. Ich beschloss, den Regen einfach nicht zu beachten und mir Santos anzusehen: ein Hafen, den ich oft angelaufen hatte, aber selten mit der Gelegenheit, an Land zu gehen. Als erstes Ausflugsziel wählte ich den Monte Serrat. Eine Bergbahn führt zum Gipfel, die starke Ähnlichkeit mit der Wiesbadener Nerotal-Bergbahn hat, mal abgesehen von der Wasserantriebstechnologie in Wiesbaden.

Wasserantriebstechnologie. Die zwei Wagen der Bergbahn sind mit einem Kabel verbunden. Wenn der eine Wagen auf dem Berg steht, ruht der andere im Tal. In den Wagen auf dem Berg füllt man Wasser in einen speziellen Tank. Mit diesem zusätzlichen Gewicht zieht der Wagen bei seiner Talfahrt den Wagen am anderen Ende des Drahtes auf den Berg hoch. Dann wird bei dem jetzt im Tal stehenden Wagen das Wasser wieder abgelassen und gleichzeitig, oben auf dem Berg, in den anderen Wagen frisches Wasser eingefüllt.

Die Ähnlichkeit von Aussehen und Anlage der Bergbahnen in Santos, Brasilien, und Wiesbaden, Hessen, hat mich sehr verblüfft. Vielleicht ist das der Technologie geschuldet – so wie unsere heutigen Automobile allesamt Windkanal-Geschwister sind – oder die Ingenieure der einen Bahn haben von den Ingenieuren der anderen Anlage abgeschrieben.

Die Monte-Serrat-Bergbahn in Santos wird sehr professionell betrieben. Das sieht man schon am Preis: Dreiundzwanzig Real für eine Fahrt rauf und runter, rund acht Euro, für die meisten Brasilianer unerschwinglich. Nun gut, man kann auch 492 Stufen hochlaufen. Das hatte ich überlegt.

Um ehrlich zu sein, nein, das hatte ich nicht einmal in Erwägung gezogen.

Schätzungsweise zwölf Angestellte betreuten während der Schicht an diesem Vormittag die Bahn und die Fahrgäste – in diesem Fall: mich. Alles ist gewissenhaft geregelt. Es wird streng überwacht, dass man nur auf der rechten Seite in die Bahn steigt, damit man den auf der gegenüberliegenden Seite Aussteigenden nicht im Weg ist. Es macht überhaupt nichts, dass ich während meiner anderthalb Stunden am Monte Serrat der einzige Kunde des Unternehmens war. Ordnung muss sein, Rechts wird eingestiegen, auf der anderen Seite wird ausgestiegen.

Wenn man auf der Bank Platz genommen hat, kommt ein Angestellter und kontrolliert, dass die Türen ordnungsgemäß geschlossen sind. Die Bahn hatte auch einen Fahrer. Zumindest steht ein Angestellter in der ersten Sitzreihe, sowie die Bahn sich bewegte. Ich habe nachgesehen, er hat keinerlei Möglichkeit in den Betrieb der Bahn einzugreifen.

Keine Bremse, kein Handrad, um die Geschwindigkeit zu regulieren, noch für irgendetwas sonst. Kein Telefon, man kann die Berg- oder die Talstation durchaus mit lautem Rufen erreichen. Nichts in dem Führerstand erklärte den Sinn der Anwesenheit des ›Fahrers‹ in der ersten Reihe.

Von dem Gipfel des Monte Serrat selbst hat man eine herrliche Rundumsicht über Santos. Es muss dort toll sein – wenn es nicht regnet.

Nach dem Monte Serrat ließ ich mich zum Kaffeemuseum Bolsa do Café fahren. Der Umfang der Ausstellung des Museums erwies sich, gelinde gesagt, als sehr übersichtlich. Aber es verdeutlichte die Bedeutung des Kaffees für Brasilien, die Entstehung und Entwicklung des Hafen Santos und der Region Sao Paulo. Und wer weiß schon, dass über zwei Millionen Italiener nach Brasilien eingewandert sind, um auf den dortigen Kaffeeplantagen zu arbeiten?

Diesem Museum schließen sich einige Räume an, welche die Gestalter als ›Kaffeeinstitut‹ bezeichnen. Allem Anschein mehr oder weniger eine Bibliothek, die sich mit Kaffee beschäftigt.

Zum Museum gehört natürlich auch ein Café, das einen ziemlichen Bekanntheitsgrad und die dementsprechenden Preise hat. An der Wand hängt ein Bildschirm, der die aktuellen Börsenkurse für Kaffee anzeigt. Der Preis für Kaffee war gerade im freien Fall. Dann wieder zurück ins Hotel, wo die Nachricht auf mich wartete, dass ich am nächsten Morgen um 10:00 Uhr abgeholt werde. Prima, noch mal ausschlafen, vom Jetlag freimachen.

Am nächsten Tag klingelte das Telefon um 08:20 Uhr. Der Wagen, der mich zum Schiff bringen sollte, wartete bereits am Eingang, also keine Zeit mehr für Frühstück. Dann begann eine kleine Rundreise durch Santos zu verschiedenen Behörden: Immigration, Hafenpolizei und Zoll. Es fühlte sich ein bisschen deprimierend an, dass ich meine schweren Koffer zum Zoll hineinschleppen musste, nur um den Zollbeamten wortlos nicken zu lassen und meine Koffer wieder rausschleppen zu können.

Im strömenden Regen dann zu meinem Schiff. Und ja, die MS GERMANY ist so schön wie in meiner Erinnerung.

Die Übergabe Kapitän zu Kapitän ging schnell. Kapitän M. hatte es eilig, die Schönheiten Brasiliens kennenzulernen. Da wollte ich ihn nicht zu lange aufhalten. Die Fallstricke entdeckte ich erst in den nächsten Tagen.

Beispielsweise hat mein Vorgänger der Besatzung niemals ihre Lohnzettel ausgehändigt. In seiner russisch-orthodoxen Art und Weise hat er die Jungs so eingeschüchtert, dass sie sich nicht trauten nachzufragen. Kaum war Kapitän M. von Bord, stand meine philippinische Besatzung vor der Tür und bat um ihre Lohnzettel. In den nächsten Tagen stellte sich heraus, dass seit Juli die Hälfte der Besatzung falsch bezahlt worden ist. Es dauerte Tage, bis die Crewing-Agentur und ich das Knäuel der Abrechnungen von Juli bis Oktober entwirrt hatten und jedem Besatzungsmitglied den wirklich zustehenden Lohn konnten zukommen lassen.

Um Missverständnisse auszuschließen: Es war nicht zu wenig Geld an die Besatzung ausgezahlt worden. Es herrschte lediglich ein großes Durcheinander. Zum Beispiel hatten Matrosen, die 130 Überstunden im Monat geleistet hatten, nur 37 ausbezahlt bekommen. Zum Ausgleich dazu hatten andere, die nur 70 Überstunden verrichtet hatten, 130 ausgezahlt bekommen. So in diese Richtung etwa.

Bagatellen, jeder Tag bringt neue Highlights, die den Blutdruck hochtreiben, aber am nächsten Tag schon wieder vergessen sind, weil sie von neuen Erlebnissen verdrängt worden sind.

In Santos hatte es einige davon gegeben, einige Aufregungen.

Schiffe der Größe unserer MS GERMANY dürfen in diesem Hafen nur bei Tageslicht gedreht werden, zwei Lotsen sind vorgeschrieben. Das Schiff hatte um 05:00 Uhr, noch im Dunkeln, festgemacht und so zeigte der Bug ›einlaufend‹. Fertigstellung war für Mitternacht geplant und so hätte das Schiff bis zum ersten Tageslicht liegen bleiben müssen. Der Terminal wollte natürlich, dass unser Schiff gleich nach Fertigstellung den Hafen verlässt und Platz für den nächsten Container-Carrier am Liegeplatz macht. Also mussten wir am Nachmittag vor der Pier das Schiff drehen und mit Backbordseite wieder festmachen. Jetzt lag der Bug ›auslaufend‹. Wir hätten also nach Fertigstellung auch mitten in der Nacht auslaufen können.

Nun hat diese Wende-Aktion 15.000 US-Dollar für Schlepper und Lotsen gekostet; diese Kosten wollte der Terminal unserem Charterer aufs Auge drücken. Der Terminal behauptete, dass das Schiff nur deshalb gedreht wurde, um zwei Container zu entladen, die sich ineinander verkeilt hätten. Die Twistlocks wären falsch herum platziert worden und ließen sich nun nicht öffnen. Ein Kran, der eine größere Kapazität hätte, sollte nun beide Container zusammen vom Schiff herunterheben. Ursprünglich hätte man dem Schiff angeboten, die Twistlocks mit einem Schweißgerät zu lösen, dazu hätte aber der Kapitän – also ich – die Erlaubnis verweigert. Dann hätte man das Schiff um dreißig Meter verholen wollen, dafür hätte der Kapitän aber Schlepper und Lotse angefordert. Und wenn sowieso schon Schlepper geordert und die Lotsen an Bord wären, dann konnte man auch gleich das Schiff drehen. Kosten müssen also vom Charterer getragen werden.

> **Twistlocks.** Befestigungsstück, das durch Verdrehen (twist), den oben aufgesetzten Container mit dem darunter stehenden verriegelt (lock).
>
> **Verholen.** Schiff in einem Hafen von einem Liegeplatz zum anderen verbringen oder am selben Liegeplatz die Position um einige Meter nach ›Voraus‹ oder ›Achteraus‹ verändern.

Das gab natürlich erzürnte Anfragen aus Shanghai an mich.

Ich musste dem Line Operator erklären, dass für Schweißarbeiten im Hafen eine Genehmigung des Hafenkapitäns vorliegen muss, wie überall in der Welt. Die konnte der Terminal nicht vorweisen und darum hatte ich die Zustimmung zu Schweißarbeiten verweigert. Es sei meine Sache zu entscheiden, ob ich einen Lotsen benötige oder nicht. Und ich kenne die Praktiken des Terminals in Santos. Sie kündigen niedliche dreißig Meter Verholen an, doch unversehens endet man mit einer kleinen Hafenrundfahrt. Da wollte ich lieber auf Nummer sicher gehen und einen Ortskundigen dabei haben.

> **Line Operator.** Für die effiziente Operation des Schiffes zuständiger Manager des Charterers.

Aber der Clou war letztendlich: Die Stevedores hatten wohl nicht aufgepasst und die infragekommenden Container entladen, noch bevor wir gedreht hatten und ohne per Schweißbrenner die Twistlocks entfernt zu haben.

Es waren also keine Schweißarbeiten nötig gewesen, es war nicht nötig gewesen, das Schiff zu verholen und aus der Sicht der Ladungsoperationen auch nicht nötig, das Schiff zu drehen.

Nun weigerte sich unser Charterer mit Recht, die Gebühren für Lotsen und Schlepper zu bezahlen. Der Terminal wird sauer sein und ich erwarte mit etwas Sorge den nächsten Anlauf in Santos. Mal sehen, ob man sich eine kleine Gemeinheit einfallen lässt, uns das Leben schwer zu machen.

Das Schiff war dann auch 22:30 Uhr mit dem Umschlag fertig und sollte um 00:30 Uhr auslaufen. Allerdings sagte man mir, dass die Lotsen nicht den ganzen Weg mit dem Schiff zur Lotsenposition mitkommen, sondern schon in einem geschützten Bereich das Schiff verlassen würden. Draußen wäre eine schwere Dünung, die das sichere Verlassen des Schiffes durch die Lotsen unmöglich machen würde.

Nicht zum ersten Mal ist mir das widerfahren: Bei gutem Wetter muss man einen Lotsen für den ganzen Weg nehmen. Sind die Bedingungen schlecht – Nacht, Regen und in diesem Fall noch Dünung – soll man ohne Lotsen fahren. Für eine Lotsung wird eine hohe Gebühr erhoben. Lässt sich der Kapitän darauf ein, auf die Hilfe des oder der Lotsen zu verzichten, gibt es nicht mal ein Dankeschön, nur die

Aussicht auf eine Menge Ärger, sollte doch etwas schief gehen.

Jedenfalls weigerte ich mich darauf einzugehen, nachts eine Strecke ohne Lotsen zu fahren. Aber um meine Kooperationsbereitschaft zu demonstrieren, erklärte ich mich bereit, bei Tageslicht das Schiff aus dem Hafen zu bringen, auch ohne Lotsen.

Na ja, wir liefen erst morgens um 06:00 Uhr aus, nach einer guten Nacht Schlaf, für die ganze Besatzung.

So verläuft also der erste Tag an Bord nach dem Urlaub.

MS GERMANY

Ins Krankenhaus in Paranagua

Von Santos nach Paranagua – 132 sm.

In Paranagua, Brasilien, lagen wir für sieben Stunden an der Pier. Nach dem Festmachen sagte mir der Agent, dass unser Auslaufen für 19:30 Uhr geplant sei. Also legte ich das Landgangsende für die Mannschaft für 17:00 Uhr fest.

Zwei meiner Leute schickte ich gleich nach dem Festmachen zum Arzt: den Ersten Offizier, mit seinem ungewöhnlich hohen Blutdruck von 158 zu 120. Und als Zugabe einen Matrosen, der auf Champignons allergisch reagiert hatte. 2005 hatte dieser Seemann schon mal eine heftige allergische Reaktion auf Pilze gezeigt. Offensichtlich hatte unser Koch so lecker gekocht, dass sich der Decksjunge nicht zurückhalten konnte, das Risiko auf sich nahm und Champignons probierte. Er endete am ganzen Körper hochrot, geschwollen, heiß und mit heftigem Juckreiz. Ob er es dieses Mal gelernt hat?

Wir haben ihn mit Tabletten behandelt und hielten uns Prednisolon als Reserve noch in der Hinterhand. Als ich ihn aber in Paranagua zum Arzt schickte, brachten sie ihn gleich weiter ins Krankenhaus und legten ihn an eine Infusion.

Weil das aber für einen Tag zu langweilig gewesen wäre, riss der Maschinenkadett bei einer Reparatur auch noch einen Bolzen ab. Er verlor das Gleichgewicht und schlug mit der Schulter irgendwo auf, sodass er sich eine circa fünf

Zentimeter lange, klaffende und ziemlich stark blutende Wunde am Oberarm zuzog. Also Erstversorgung an Bord und dann um 15:30 Uhr zum Arzt. Auch dieses Besatzungsmitglied wurde weiter ins Krankenhaus verwiesen.

Um 16:10 Uhr war der Umschlag zu Ende. Prompt tauchte der Agent auf und verlangte von uns, um 16:30 Uhr auszulaufen. Ich hatte sechs Mann an Land und von meinen drei Kranken war bisher nur der Erste Offizier zurück an Bord. Also immer noch acht Mann ›ashore‹. Großes Geschrei: Wenn das Schiff nicht mit dem Hochwasser ausläuft, muss es bis morgen früh hier liegen – und was wird der Charterer dazu sagen? Andere Schiffe warteten schon auf den Liegeplatz! Wer soll das bezahlen? Unser Schiff muss sofort raus!

Ich versicherte dem Agenten, dass meine Landgänger mit Sicherheit bis 17:00 Uhr wieder an Bord sind. Bei mir kommt niemand verspätet vom Landgang zurück. Der Agent sollte sich besser selbst darum kümmern, dass meine beiden Kranken aus dem Krankenhaus entlassen und wieder an Bord gebracht werden.

Das reine Krankenhausentlassen erwies sich dann tatsächlich als problemlos, denn die Brasilianer wollten meine Besatzungsmitglieder auf keinen Fall im schönen Brasilien behalten. Nur würde der Transport länger als bis 17:00 Uhr dauern, und der Lotse hatte die Order, das Schiff umgehend aus dem Hafen zu bringen.

Ein paar Minuten später kam dann auch der Lotse an Bord: ein junger Mann und glücklicherweise sehr umgänglich. Bis 17:00 Uhr würde er warten – kein Problem. 16:50 Uhr waren auch meine sechs Landgänger wieder an Bord, das hatte geklappt.

Noch fehlten meine Kranken. Ich machte einen auf Alleinunterhalter und versuchte den Lotsen besoffen zu reden. Ich erzählte über meine Kinder (das fällt mir am leichtesten), meine Frau (Eisenbahn, das interessiert jeden), meine Jugend (da konnte ich mich aber nicht mehr an viel erinnern), meine Erlebnisse als Kapitän (das war für den Lotsen nicht unbedingt was Neues) und ich redete und redete.

Um 17:20 Uhr ließ sich das Auslaufen nicht weiter verzögern. Der Lotse bestand darauf auszulaufen. Wahrscheinlich hatte ich etwas übertrieben und mit der Zeit fiel ihm mein Geplapper auf die Nerven. Also banden wir die Schlepper fest. Als wir begannen aufzukürzen, kurvte ein Pick-up in rasender Geschwindigkeit um die Containerstapel und brachte mir meine beiden vermissten Jungs an Bord. De facto in der letzten Minute. Am Ende hat alles geklappt, und es ist daher im Grunde gar nicht wert, die Angelegenheit zu erzählen. Typisch für den Alltag ist sie dennoch; Langeweile kommt nicht auf.

Aufkürzen. Das Schiff wird mit einer Anzahl von Leinen am Liegeplatz festgemacht. Bei der Größe der MS GERMANY üblicherweise zwölf Leinen. Zum Auslaufen, nachdem der Lotse auf der Brücke ist und die Schlepper festgemacht sind, werden bis auf vier Leinen alle anderen Leinen losgeworfen.

Der Leitende Ingenieur, Herr K., war geknickt. Er sollte am 13. Dezember in Singapur abgelöst werden. Da wir jetzt aber zwei Wochen länger über die Meere schippern sollten, würden wir erst am 27. Dezember in Singapur ankommen. Das diesjährige Weihnachtsfest wäre da schon Geschichte.

Und wir waren beide sehr skeptisch, dass jemand am ersten Weihnachtsfeiertag von Deutschland nach Singapur fliegt, um Herrn K. abzulösen. Nun versuchte er, sich schon darauf einzustimmen, auch den Jahreswechsel an Bord zu verbringen.

Seiner Frau brachte er das schonend bei, Stückchen für Stückchen. Nicht nur, dass sie wie alle Familien Pläne für die Feiertage hätten. Es war viel dramatischer. Der Vater von Frau K. war sehr krank. Im letzten Jahr wurde Enddarmkrebs diagnostiziert, der Ausgang wurde verlegt. Von der vorherigen Bestrahlung sind die Knochen in Mitleidenschaft gezogen worden, er hat sich einen Oberschenkelhalsbruch zugezogen. Neues Hüftgelenk. Dann haben die Ärzte auch noch Blasenkrebs diagnostiziert, noch vor Weihnachten sollte die Blase entfernt werden. Klar, dass die Frau des Chiefs nicht besonders gut drauf war.

Die Krankheit des Schwiegervaters hat der Chief der Reederei nicht berichtet, nur dass sie Pläne für Weihnachten und Karten für eine Silvesterveranstaltung hätten. Die Personalabteilung hat sehr ... na sagen wir mal ... freundlich geantwortet und empfohlen, die Karten doch zurückzugeben.

MS GERMANY

Wieder Santos, wieder Ärger

Von Santos nach Singapur – 9.060sm.

Nach vier Tagen Aufenthalt in Santos liefen wir am Sonntagabend schließlich zu unserer großen Reise über drei Ozeane aus. Um es den Geografen recht zu machen: Der südliche Ozean, das Südpolarmeer, wird nur kurz an seiner natürlichen Grenze bereist. Liegt Singapur am Indischen Ozean oder wird es zum Bereich des Pazifischen Ozeans gerechnet? Im letzteren Fall geht die Reise dann sogar durch vier Ozeane.

Der Fahrplan gibt uns 32 Tage Zeit für die Strecke von Santos bis Singapur, knappe 9.100 Seemeilen. Wir benötigen weniger als zwölf Knoten, um pünktlich am Lotsen in Singapur zu sein. Das bereitet uns wieder Schwierigkeiten, da laut Vorgaben des Maschinenherstellers die Hauptmaschine nicht unter zehn Prozent ihrer maximalen Leistungsabgabe gefahren werden soll. Der Charterer interessiert sich nicht sonderlich für die Vorgaben des Maschinenherstellers. Der Charterer will, dass die Maschine so sparsam wie möglich, sprich so langsam wie erforderlich, gefahren wird. Wir werden wieder mit Drehzahlen und Stoppzeiten jonglieren müssen.

Aber ich will der Reihe nach ein paar weitere Erlebnis während der Hafendurchläufe in Südamerika berichten.

Auf Paranagua folgte der Hafen Montevideo, der Hauptstadt von Uruguay. Ausnahmsweise fuhren wir schneller als ökonomisch. Das Schiff sollte unbedingt um 12:00 Uhr vor Ort sein. Dann hätte unser Schiff Priorität.

Natürlich waren wir pünktlich 12:00 Uhr auf der Lotsenposition, aber irgendwie hatten sich die Prioritäten verändert. Zwei Stunden Warten hieß es jetzt. Unser Schiff ist 330 Meter lang, der Kanal nur 200 Meter breit. Keine Chance zum Kehrtmachen. Keine Reede weit und breit. Mit kleinen Maschinenmanövern und dem Bugstrahlruder hielten wir das Schiff bei 1,5 Knoten Strom von quer, mehr schlecht und recht auf der Position. Irgendwie kam ich mir vor, wie ein Balancekünstler auf dem Drahtseil, der nicht in seine Garderobe gehen kann, weil man ihm die Leiter geklaut hat.

Der Hafen von Montevideo ist mir als klein und eng in Erinnerung geblieben. Nun hatte man die Containerpier jedoch tatsächlich erweitert und das Hafenbecken davor ausgebaggert. Nur leider war unsere MS GERMANY nicht für diese Liegeplätze eingeplant.

Man erwartete uns im zweiten Hafenbecken, hinter dem Militär- und dem Fischereihafen. Die Molenköpfe geben einhundertzwanzig Meter frei, von denen tiefgangbedingt höchstens achtzig Meter zu nutzen sind – unser Schiff ist 42,8 Meter breit. Nicht viel Platz für Fehler. Der Hafenkapitän von Montevideo hatte vorgeschrieben, dass die Fischerei die Liegeplätze am Molenkopf zu räumen hat, wenn Schiffe unserer Größenordnung einlaufen. Offensichtlich fühlten sich die Fischer von dieser Anordnung des Hafenkapitäns nicht angesprochen. Auch einen Tag später, beim Auslaufen störten sich die Fischer nicht daran, dass wir ihren Trawler sozusagen auf Tuchfühlung passierten.

Molenköpfe. Molen sollen die Einfahrt zu einem Hafen oder einem Hafenbecken vor hohen Wellen und starken Strom schützen. Das seeseitige Ende dieser Molen bezeichnet man als Molenköpfe.

Als wir auslaufend schließlich in den Seekanal hineindrehten, war ich froh, Montevideo hinter mir gelassen zu haben.

Aber Sie ahnen es schon: Wieder einmal zu früh gefreut.

Es näherte sich uns noch eine Herausforderung in Form eines Forschungsschiffes. Mehr als zwei Knoten Strom aus westlicher Richtung erforderten, dementsprechend vorzuhalten. Bei maximal zehn Knoten eigener Fahrt läuft das Schiff in einem solchen Fall nicht parallel zum Seekanal, sondern in einem Winkel. Es sieht ein bisschen so aus, als wolle das Heck das Vorschiff überholen.

Sinngemäß, weil entgegengesetzt, gilt das auch für das entgegenkommende Schiff. Dieses vielleicht einhundertzehn Meter lange Forschungsschiff beanspruchte die Mitte des Seekanals in geradezu egoistischer Weise für sich. Ich wies meinen Lotsen darauf hin, doch der winkte ab: »Die an Bord des Forschungsschiffes, die wissen, was sie tun.« Sie werden, so seine optimistische These, uns rechtzeitig den Weg freigeben.

Ich hatte nicht das Gefühl und – gegen den Widerstand des Lotsen – gab ich mehr Raum. Ich steuerte unser Schiff näher an die Böschung heran, selbst auf die Gefahr einer Grundberührung hin. Eine Grundberührung auf Schlamm (das kenne ich ja inzwischen aus dem Suezkanal) erweist sich als nicht so schlimm wie eine Kollision mit einem Quasi-Passagierschiff. Wer weiß, wie viele zukünftige Nobelpreisträger auf diesem Forschungsschiff bei einer möglichen Kollision verletzt werden?

Wie üblich war der Lotse beleidigt ob meines Eingreifens. Das Forschungsschiff schabte mit wenigen Metern Abstand an uns vorbei und wir steuerten vorsichtig wieder in die Mitte des Seekanals.

Dann bemerkte ich, wie sich meine Lotsen (wir hatten überdies bereits zwei Lotsen und zwei Trainees für die bevorstehende stundenlange Passage des River Plate an Bord) aufgeregt unterhielten und gebannt nach achteraus starrten. Da war's doch tatsächlich passiert: Das Forschungsschiff mit den Nobelpreisträgern, den künftigen, hatte das nächste Schiff gerammt, einen Bohrinselversorger.

Darf ich den Lotsen noch mal zitieren? »Die an Bord des Forschungsschiffes, die wissen, was sie tun.« Von wegen!

Trainee. Angehende Lotsen, die zur Praxisausbildung gemeinsam mit einem erfahrenen Lotsen an Bord kommen.

Zehn Stunden den Plate hoch, dann fast einen Tag auf der Reede vor La Plata ankern und warten, bis MS GARLAND unserem Liegeplatz in Buenos Aires freigibt. Bis zu diesem Zeitpunkt galt die Vorschrift, dass Schiffe unserer Länge nur bei Tageslicht in Buenos Aires einlaufen dürfen, im Seekanal keine Begegnungen haben dürfen und nur bei Slack-Wasser im Hafen festmachen dürfen. Sie haben mitgezählt? Dreimal ›dürfen‹!

Slack-Wasser. Der Zeitraum der Gezeit, bei dem das einkommende Wasser der Flut schon gestoppt, das ausgehende Wasser zur Ebbe hin noch nicht eingesetzt hat.
Während der Ebbe, zur Zeit des Niedrigwassers, umgekehrt: Das Wasser hat aufgehört abzufließen, aber die Flut, das einkommende Wasser, hat noch nicht eingesetzt.

Bis hinter die Hafenmolen ging auch alles gut.

Als wir dann über den Achtersteven ins Hafenbecken drehen wollten, konnten uns drei Schlepper nicht halten, und wir wären beinahe gegen einen Tanker geknallt, der an der gegenüberliegenden Pier festgemacht hatte.

Wir mussten das Manöver abbrechen, mit ziemlich Schwung – die fast hunderttausend Pferdestärken der Hauptmaschine können auch ein großes Schiff, wie unsere MS GERMANY ziemlich schnell beschleunigen – wieder ein Stück zurückfahren und einen zweiten Anlauf nehmen. Der Lotse schob das fehlgeschlagene Manöver auf unberechenbare Strömungen. Señor, seit der Antike werden Gezeiten berechnet. Und sollten die Ströme ohnehin Glücksspiel sein, wozu brauche ich dann einen Ortskundigen?

Im zweiten Anlauf klappte es dann.

Zu der Zeit, als wir an der Pier anlegten, hatten die Festmacher gerade Schichtwechsel. Mitten im Anlegemanöver ließen sie unsere Leinen Leinen und unser Schiff Schiff sein, sahen nach, ob sie ihr Gewerkschaftsbuch in der Tasche hatten und verschwanden. Es dauerte nicht allzu lange, bis die Ablösung kam. Trotzdem, man stelle sich einen Fluglotsen vor, der mitten im Anflug einer Passagiermaschine erst einmal seine Mittagspause macht!

Jedenfalls hatte mich die Beinahe-Kollision mit dem Tanker und das verpatzte Anlegemanöver etwas in Fahrt gebracht. Der nächste Verantwortliche, dessen ich habhaft werden konnte, war der Lotse. Am Ende unseres volltönenden Gespräches erklärte er mir, dass ich in Argentinien nicht willkommen sei. Darauf könne er pfeifen, antwortete ich ihm, freiwillig käme ich sowieso nicht wieder her.

In diesem Leben werden wir beide keine Freunde mehr.

Mit ein wenig Abstand muss ich meine vollmundige Rage etwas relativieren. Ich möchte mich bei allen Argentinien-Freunden, besonders den Liebhabern von Buenos Aires, entschuldigen, ich meine das nicht so. Eigentlich habe ich Buenos Aires immer in guter Erinnerung gehabt, nur diesmal nicht. Oder ich habe die anderen Erlebnisse der unangenehmen Art aus früheren Zeiten schon vergessen.

Laut unserem Fahrplan sollte das Schiff vierundzwanzig Stunden an der Pier liegen. Aber nach einem Tag hatten wir noch nicht einmal alle Ladung aus dem Schiff, geschweige denn alle Container geladen. Der Charterer wollte uns trotzdem auslaufen lassen, sowie alle Container gelöscht worden wären. Die vollen Container sollten an der Pier stehen bleiben. Ich schickte eine E-Mail nach Shanghai, in der ich darauf hinwies, dass wir als Container-Schiff eigentlich dafür da sind, Container zu verschiffen und nicht verchartert sind, um Fahrpläne einzuhalten. Außerdem hätten wir 35 Tage Zeit für die Reise von Santos bis Singapur. Da käme es auf drei oder vier Tage – oder von mir aus auch auf eine Woche – gar nicht an.

Die chinesischen Manager erklärten mir in ihrer Weisheit, dass sie schon wissen, was richtig für die Ökonomie wäre. Sie würden mir trotzdem für meine Meinung danken.

Doch, wir blieben drei Tage in Buenos Aires. Die vorgesehene Ladung wurde komplett an Bord genommen. Die Fertigstellung erfolgte abends und dreimal ›Dürfen‹ hätte in Kraft treten müssen. Aber Vorschriften sind da, um außer Kraft gesetzt zu werden. Wir durften(!) unabhängig von der Tide noch während der Dunkelheit auslaufen; auch Gegenverkehr im Seekanal spielte plötzlich keine Rolle mehr. Uns begegnete unter anderem unsere ›kleine Schwester‹ MS VANCOUVER. Das Schiff ist ›lediglich‹ 300 Meter lang.

Es ging mir gut, ich hatte meistens ausreichend Schlaf und der Umfang der Arbeit hielt sich in überschaubaren Grenzen. Trotzdem war ich abends an den meisten Tagen ziemlich fertig.

Das liegt am Adrenalinausstoß. Ich bin davon überzeugt, dass meine Nebennieren so groß sind wie die Hoden eines Zuchtbullen. Ausnahmslos jeder Hafen an dieser Küste verpasste mir Adrenalinschübe, dass mein Vorrat bis zum Lebensende eigentlich schon aufgebraucht sein sollte.

Einlaufen, Festmachen, Loswerfen, Drehen vor der Pier und wieder Auslaufen – eine Herausforderung nach der anderen. Das Schiff ist viel, viel zu groß für diese kleinen

Häfen. Meistens hatte ich schon Bammel vor der nächsten Aktion, wie zum Beispiel vor dem Auslaufen in Rio Grande do Sul, Brasilien. Bei mehr als 2,5 Knoten Strom und starkem Wind musste das Schiff vor der Pier im Fluss gedreht werden. Bevor wir überhaupt losgeworfen hatten, habe ich mich schon irgendwo auf dem Grund festsitzen sehen oder in meiner blühenden Fantasie einen Ankerlieger gerammt. Aber wenn man das Schlimmste erwartet, geht es besser als gedacht. Das Auslaufen Rio Grande erwies sich als Kinderspiel.

Umgekehrt gilt die Gleichung leider auch, denn der Teufel schläft nie. Kapitän M. hatte von Itapoa, ebenfalls Brasilien, geschwärmt. Keine Behörden, moderne Pier, viel Platz, keine Probleme zu erwarten. So bin ich auch ganz relaxed an den Hafen herangefahren, aber dann entwickelte sich alles wieder zum puren Stress.

Die Pier in Itapoa ist 640 Meter lang. Wenn, wie bei diesem Anlauf, bereits ein Schiff von 270 Metern Länge ordnungsgemäß festgemacht hat, sind mindestens 300 Meter schon ›verbaut‹. Für uns blieben 340 Meter, bei einer eigenen Schiffslänge von 330 Metern. Wir mussten mit sieben Metern Abstand zu dem Schiff vor uns an der Pier festmachen. Die Leinen waren viel zu kurz auf den Pollern, um wirklich sicher zu sein. Der Achtersteven war in Linie mit der Kante der Pier.

Poller. Sehr starke Metallpfosten an der Pier zum Festmachen des Schiffes.

Ich spielte mit dem Gedanken, wieder auszulaufen. Dann wären wir aber aus dem ›Fenster‹, dem Zeitraum, an dem die Pier für unser Schiff reserviert ist, gerutscht und hätten uns hinten anstellen müssen. Zwei Tage Warten für 71, für einundsiebzig!, Moves? Wir hatten nur 64 Container (davon 30 leere) zu laden und genau sieben Container zu löschen. Ich weiß nicht, was in den für Itapoa bestimmten Containern gewesen ist. Es sollten neue Geldscheine für eine Währungsreform in Brasilien gewesen sein, sonst hat sich der Hafenaufenthalt wohl nicht gelohnt.

Das Wetter war gut. Bei den paar Containern, die beim Umschlag bewegt würden, sollte sich das Schiff nicht viel an der Pier bewegen. Ich vereinbarte mit dem Lotsen eine Frequenz, auf der ich gegebenenfalls die Schlepper schneller erreichen könnte. Der Skipper vom Schlepper MERCURIUS sprach ein paar Brocken Englisch. Er würde mir nötigenfalls helfen.

Auf der vorderen und der achteren Manöverstation wurde ständig ein Mann postiert, um die Leinen im Auge zu behalten. Die Maschine wurde klar gehalten und das Bugstrahlruder befand sich auf Stand-by. So blieben wir an der Pier, schlugen unsere paar Container um, warteten auf den Tagesanbruch und die Erlaubnis, den Hafen wieder verlassen zu dürfen.

Manöverstation. Am vorderen und hinteren Ende des Schiffes befindliches Areal, auf dem die zum Festmachen an der Pier notwendigen Winden mit den dazugehörigen Festmacherleinen positioniert sind, in der Regel auf der Back und auf dem Poopdeck.

Um den Tag endgültig zu verderben, kam nach dem Festmachen – für das wir beinahe zwei Stunden gebraucht hatten – ein übellauniger Hafen-Gesundheitsoffizier an Bord. Er schnüffelte in allen Ecken. Er beschwerte sich, dass der Koch seinen Mülleimer mit der Hand anfasst und sich anschließend nicht desinfiziert. Fragte nach einem »Ratten-Management-Plan«. Wir sollten dokumentieren, wann wir nach Ratten suchen und ob wir welche finden. Wir haben noch nie Ratten an Bord gehabt! Das spielte in seinen Augen keine Rolle. Er forderte einen Aushang mit dem wöchentlichen Nachweis der Unterweisung der Kombüsen-Besatzung, wie diese sich die Hände zu waschen habe. Und so ging es weiter. Wieder steckt man als Kapitän in einer hilflosen Situation, der Willkür der Behörden ausgeliefert. Wie schon so oft blieb mir nichts weiter übrig, als solche Gemeinheiten zu akzeptieren. Ich habe dann gesagt, dass wir seine Hinweise sehr ernst nehmen und umsetzen werden und wir dankbar für seine Ratschläge sind. Und wie gewöhnlich demonstrierte ich meine Dankbarkeit. In diesem Fall mit zwei Stangen Zigaretten und einer Flasche Whisky.

Auch der zweite Aufenthalt in Santos erwies sich als nervenaufreibend. Wir waren vier Tage in Santos und hatten dabei doch nur achtzehn Stunden Umschlag. Es begann mit einem ganzen Tag vor Anker. Das Schiff an unserem Liegeplatz hatte Probleme. Ich glaube, es war die MS ROSA, ein Schiff einer großen Hamburger Reederei. Man, wer immer hier ›man‹ war, hatte beobachtet, dass irgendwelche Dinge offensichtlich heimlich an Bord verbracht wurden. ›Man‹ erzählte, dass mittels einer Leinenverbindung Päckchen an Bord gehievt worden waren. Daraufhin wurde das Schiff vierundzwanzig Stunden lang auf Drogen durchsucht. Wie die ganze Angelegenheit ausgegangen ist, das weiß ich nicht. Jedenfalls musste unser Schiff draußen auf Reede auf einen Liegeplatz warten. Man sieht, auch andere Kapitäne haben ihr ›Päckchen‹ zu tragen.

Wir gingen dann morgens um 03:00 Uhr an die Pier und hatten bis 22:00 Uhr Ladungsbetrieb. Danach konnten wir nicht auslaufen, weil es dunkel war und das Schiff nur bei Tageslicht gedreht werden darf. Dieser Umstand wurde uns zum Verhängnis, denn genau um diese Zeit wurde beim Hafenkapitän von Santos Anzeige gegen unser Schiff erstattet.

Am Vormittag war mir berichtet worden, dass eine weibliche Person an der Pier verletzt worden sei. Ein Stevedore hatte eine Laschstange von unserem Schiff über Bord fallen lassen. Die Stange hatte unglücklicherweise eine Frau getroffen, die gerade an unserem Schiff entlangging. Mit einem Krankenwagen wurde das Unfallopfer ins Krankenhaus gefahren. Gerade um solche Unfälle zu vermeiden, soll man nicht direkt an der Pierkante entlanggehen. Häufig ist der Weg direkt an der Kaikante die kürzeste Verbindung, aber dieser Weg ist auch der gefährlichste. In allen Häfen, so auch in Santos, sind Abschnitte markiert, die zum Laufen genutzt werden sollen. Es war ein Stevedore, der die Laschstange hat über Bord fallen lassen und somit sollte die Angelegenheit eine Sache der Stevedoring-Company sein.

Kurz vor Mitternacht bekam ich Besuch vom Agenten und zwei Vertretern des Hafenkapitäns, die eine offizielle Untersuchung des Vorfalls einleiteten. Es stellte sich heraus, dass die verletzte weibliche Person, der Kapitän der MS RITA war, ebenfalls ein Schiff dieser oben erwähnten großen

Hamburger Reederei. Offensichtlich hatte Frau Kapitän ein anderes Schiff ihrer Reederei besucht, das hinter uns am Liegeplatz lag. Sie war derart verletzt worden, dass sie abgelöst wurde und nach Hause zurückkehren musste. Aber bevor sie zum Flughafen fuhr, machte sie einen Abstecher beim Hafenkapitän und zeigt unser Schiff an.

Es ist nicht fair uns gegenüber, trotzdem kann ich das irgendwie verstehen. Die Dame wollte ihre Ansprüche sicherstellen. Die Berufsgenossenschaft sollte den Unfall als Arbeitsunfall anerkennen, mit all den positiven Folgen, die sich somit daraus ergeben. Dazu muss der Unfall eben aktenkundig gemacht werden.

Allerdings bin ich mir nicht sicher, ob das als Arbeitsunfall anerkannt wird. Immerhin ist sie auf einem Weg gelaufen, den sie nicht hätte benutzen dürfen. Und sie wusste das.

Auf jeden Fall hatte ich den Ärger, sprich: die offizielle Untersuchung am Hals. Ziemlich machohaft erklärten mir die beiden Offiziere vom Hafenamt, sie sähen ja völlig ein, dass unser Schiff keinen Anteil an diesem Vorfall hat. Aber unglücklicherweise ist heute der diensthabende Hafenkapitän eine Frau. Das passte natürlich alles zusammen: Frau Kapitän von MS RITA und Frau Hafenkapitän. Zwei Frauen, die sich in einer Männerwelt durchsetzen. Jedenfalls wollte Frau Hafenkapitän alles richtig machen und hatte die Untersuchung eingeleitet.

Das war Freitagabend. Frau Hafenkapitän legte auch fest, dass unser Schiff bis zum Montag im Hafen bleiben müsse, um am Montag die Untersuchung durchzuziehen.

Zweieinhalb Tage Off-Hire! Ein hoher, fünfstelliger Betrag Schaden für unsere Reederei. Und das alles, weil Frau Kapitän von der MS RITA nicht aufgepasst hatte.

Mithilfe des Agenten gelang es mir, die beiden Offiziellen zu überreden, unser Schiff freizugeben. Ich musste eine schriftliche Erklärung abgeben, dass erstens unser Schiff in einem regelmäßigen Dienst nach Santos ist. Und zweitens musste ich zusichern, dass ich beim nächsten Anlauf in Santos an Bord des Schiffes bin. Ich vermied, irgendwelche Zeiten in diese Erklärung einzutragen. Wenn die beiden Beamten mitbekommen hätten, dass wir erst im Februar wieder hier sein würden, hätten sie uns wohl nicht freigegeben. In seinen wortreichen Ausführungen tat der Agent so, als wäre das Schiff vor Weihnachten wieder in Santos.

Ich fragte den Agenten, ob ich den beiden Behördenvertretern ein kleines Geschenk machen könnte, das ihnen ihre schwere und verantwortungsvolle Arbeit erleichtern könnte. Die beiden Offiziellen und der Agent waren empört. Klar wissen sie, dass die Behörden in Brasilien Geschenke annehmen. Der Zoll, die Polizei, alle bestechlich! Aber nicht das Militär! Wenn sie an Bord eines ausländischen Schiffes kommen, nehmen sie nicht mal eine Tasse Kaffee an, um nicht in den Geruch der Bestechlichkeit zu gelangen, sagten sie, während der Dickere der beiden sich den dritten Löffel Zucker in seinen Kaffee schüttete. Ganz Brasilien weiß, das Militär ist unbestechlich. Alle wissen, auf die Militärs kann man sich verlassen.

Aber, wenn ich eine Flasche Whisky – oder besser noch zwei – hätte, wäre das doch sehr nett.

Vielleicht hat der Whisky ja geholfen, denn schließlich und endlich stimmte fernmündlich auch der diensthabende weibliche Hafenkapitän zu und unser Schiff hätte nun fahren können.

Und wieder einmal spielten die Lotsen nicht mit. Für ein Schiff unserer Größe ist das Wetter zu schlecht, sie können uns nicht aus dem Hafen bringen. Der Zeitpunkt der Abfahrt wurde immer wieder um weitere sechs Stunden verschoben. Das hat uns erst mal gar nicht gestört, da wir sowieso viele Tage Seereise vor uns hatten. Je später wir von Santos losfahren würden, umso weniger langsam brauchten wir zu fahren. Verzögerungen aufgrund von Wetterunbilden sind das Risiko des Charterers. Unsere Reederei würde ihr Geld bekommen.

Als es dann Sonntagabend wurde und es sich abzeichnete, dass wir bis Montag früh im Hafen bleiben würden, machte ich mir dann doch Sorgen. Was wäre, wenn der Hafenkapitän sich montagsfrüh sagt: »Sieh an, die gute MS GERMANY ist ja noch da! Lasst uns doch die höchst hafenbehördliche Untersuchung fortführen!«

Nun hieß es also, nichts wie weg.

Ich vereinbarte mit den Lotsen, mit ihrer Beratung das Schiff zu drehen; und danach würde ich die MS GERMANY allein, also zumindest ohne Lotsen, aus dem Hafen bringen. Für die Lotsen war das leicht verdientes Geld. Ich kenne den Hafen Santos zu Genüge und war mir absolut sicher, dass ich das Schiff genauso gut ohne, wie mit einem Lotsen aus dem Hafen bringe.

Gesagt, vereinbart, getan. Nun beginnt auch die längste Reise mit dem ersten Schritt, in unserem Fall mit der ersten Umdrehung des Propellers. Allerdings drehte sich der Propeller nur 35 Minuten lang nach der Abfahrt von Santos. Dann fiel unsere Hauptmaschine aus. Der Chief rief alarmierend an: Wir müssen sofort stoppen! Wir fahren uns Zylinder 11 kaputt. Ein Auslassventil klemmt.

So einfach war das mit dem Stoppen nicht. Wir können doch nicht einfach im Fahrwasser anhalten und warten bis das Schiff auf die Böschung getrieben ist – in dieser Beziehung lauert der Suezkanal überall! Der einzige Platz an der Backbordseite, war eine Reede für kleine Fahrzeuge. Die war vom Tiefgang schon sehr knapp und noch knapper bemessen nach dem freien Platz für uns. Wir passten da einfach nicht hin. Außerdem fürchtete ich die helle Aufregung bei den Behörden, falls ich unser Riesenschiff auf diese Mini-Reede quetschen würde. Also erst einmal auf ›Ganz Langsam‹ und weiter getuckert.

Offensichtlich beruhigte sich die Situation im Maschinenraum wieder, denn auch der Chief wurde gelassener. Mit ›Ganz Langsam‹ konnten wir uns vorantasten. Wir fuhren drei Stunden und hatten nach vierundzwanzig Meilen ein bisschen Luft, oder besser: freien Seeraum bekommen. Noch immer befanden wir uns in der ›Einflugschneise‹ des Hafens. Acht Meilen weiter hatten die Behörden auch noch ein maritimes Umweltschutzgebiet eingerichtet und wir waren zu allem Übel noch im AIS

Bereich von Santos. Aber wir konnten zumindest für eine halbe Stunde stoppen und kontrollieren, wie groß der Schaden denn nun wirklich war.

AIS. Abkürzung für Automatic Identification System. Elektronisches System, das es über eine Entfernung bis zu 48 Seemeilen erlaubt, Name, Rufzeichen, Kurs und Geschwindigkeit sowie andere wichtige Daten des Schiffes direkt abzulesen.

Der Chief veranschlagte mehrere Stunden für die Reparatur. Das ging an dieser Position nicht und so fuhren wir mit acht Knoten weiter bis zum nächsten Morgen. Erst dann stoppten wir und wechselten das Auslassventil. Es dauerte nicht ganz so lange, wie der Chief erwartet hatte. Bereits nach drei Stunden konnten wir weiterfahren.

Jedenfalls waren wir dann endlich auf dem Weg nach Singapur. In zweiunddreißig Tagen, um 19:00 Uhr sollten wir am Lotsen sein. Dazu benötigten wir 11,8 Knoten. So langsam konnten wir gar nicht fahren. Wir hatten zwischendurch ein paar Mal stoppen müssen.

Aber wir waren unterwegs.

MS GERMANY – Herbst 2014

Lotsen oder: Gefahr im Anzug

Von Montevideo nach Buenos Aires – 164 sm.

Der gefährlichste Abschnitt der Reise beginnt, wenn der Lotse an Bord kommt. Diese Weisheit hat mir Kapitän Fe. mit auf den Weg gegeben.

Jahre später sollte Kapitän Fe. vor dem Hafen Itajaí, Brasilien, auf den Lotsen warten. Der Lotse war angekündigt, und als Kapitän Fe. das Lotsenboot die Molen auslaufend passieren sah, nahm er mit seinem Containerschiff Fahrt auf, um dem Lotsen entgegenzufahren. Einige Zeit später bemerkte Kapitän Fe. seinen Irrtum: Es war nicht der Lotse, der seinem Schiff entgegenstrebte, sondern ein auslaufendes Fischerboot. Kapitän Fe. versuchte, sein großes Schiff auf Gegenkurs zu bringen, doch unterschätzte er dabei Wind und Strom und geriet mit der Steuerbordseite auf einen Unterwasserfelsen; die Außenhaut seines Schiffes riss auf siebzig Metern Länge auf: ein Millionenschaden. Kapitän Fe. hatte seine eigene Weisheit nicht genügend berücksichtigt.

Für unser Schiff stand wieder einmal ein Anlauf von Montevideo an. Man brauchte keine hellseherische Begabung zu haben, um Ungemach voraussagen zu können. Pünktlich, entsprechend unseres Fahrplans, kamen wir vor Montevideo um 7:00 Uhr an. Der Lotse wartete schon auf uns. Allerdings pfiff uns ein ordentlicher Wind um die Ohren und deshalb verweigerte ich das Einlaufen.

Das stieß auf wenig Gegenliebe beim Lotsen, der ordentlich auf uns schimpfte. Schließlich schaukelte er schon eine Weile mit seiner Barkasse auf der Lotsenposition und nun sollte er mit dem kleinen Boot unverrichteter Dinge wieder zurückfahren. Er behauptete steif und fest, im Hafen wäre es windstill.

Windstill? Irrtümlicherweise glaubt man an Land, dass man Lotsen unbedenklich und unbegrenztes Vertrauen entgegenbringen kann. Die Realität ist anders: Lotsen haben kein Gewissen, sie lügen schneller als man selbst denken kann, interessieren sich nicht im Geringsten für die Bedürfnisse des Schiffes und haben ausschließlich ihre eigenen Interessen im Auge. Ich weiß, diese Beschreibung trifft perfekt auf Politiker zu, aber in diesem Fall beziehe ich mich auf See- und Hafenlotsen!

Wie oft bin ich mit meinem Schiff knapp einer Kollision, einer Grundberührung oder anderen Beinahe-Unfällen entkommen, und nur, weil ich mich eben nicht auf die Behauptungen der Lotsen verlassen habe. Jeder Kapitänskollege wird dutzende mal gehört haben: »Full speed, full speed – pilot is waiting!«, nur um dann an der vorgesehenen Lotsenübernahmeposition festzustellen, das weit und breit kein Lotsenboot zu sehen ist. In der Hälfte der Fälle ist beim Einlaufen die erste Forderung der Lotsen nicht ein bestimmter Kurs oder eine Fahrstufe der Hauptmaschine, sondern die Gangway fertig zu machen, damit der Lotse nach dem Festmachen schnellstmöglich das Schiff wieder verlassen kann. Der Lotse wird für die Beratung des Schiffes geordert, er wird vom Schiff (tatsächlich vom Charterer) bezahlt, doch ausnahmslos hat der Lotse vorneweg die Interessen seines Hafens, des Terminals und die Wartezeiten des Taxis, welches ihn vom Schiff abholt im Sinne. Dann kommt eine ganze Weile nichts . . . und dann erst das Schiff, welches von ihm betreut wird.

»Auf See hilft uns Gott und im Hafen der Lotse!« Dieser Spruch verdeutlicht den landläufigen Irrglauben, dass der Lotse die Lösung aller Probleme mit an Bord bringt. Dieser Glaube wurde schon vielen meiner Kollegen zum Verhängnis.

Seit dem Jahre 2000 führe ich Buch über die Lotsungen für mein Schiff. Allein von diesem Zeitpunkt an kann ich über 1.600 Lotsungen nachweisen. Ich weiß, wovon ich spreche. Sicher, die Mehrzahl der Lotsen ist gut ausgebildet und erfahren, arbeitet zuverlässig. Aber eine große Anzahl von Lotsen ist mit ihrem Job überfordert, nicht ausreichend qualifiziert, von keiner Kenntnis getrübt, überheblich, unkooperativ.

Woher weiß der Kapitän, welchen Typ von Lotsen er vor sich hat? Den erfahrenen und zuverlässigen oder den für den anstehenden Job nicht geeigneten Lotsen?

Der Lotse ist der Berater des Kapitäns, er übernimmt nicht das Kommando.

Abgesehen vom Panamakanal – darauf kommen wir später noch einmal zurück – übernehmen die Lotsen keine Verantwortung für das Schiff. Die volle Verantwortung für die sichere Navigation bleibt beim Kapitän. Wohl gemerkt, es geht hier nicht um irgendeine moralische Verantwortung, es geht um die materielle Verantwortung, die Haftung.

Auf der Elbe haften die Lotse immerhin bis zur Höhe des Dreifachen des Lotsenentgeltes. Zwar ist das Lotsenentgelt eine saftige Gebühr, aber selbst das dreifache Entgelt sind nur – wir erinnern uns an den Deutsche-Bank-Chef – Peanuts bei einem größeren Schaden, zum Beispiel an das Auf-dem-Grund-Festkommen der CSCL INDIAN OCEAN.

Als durch die Sogwirkung eines Containerschiffs einer bekannten taiwanesischen Reederei ein Kind zu Tode kam (das Kind war vom Sog des Schiffes an einer Badestelle der Elbe erfasst worden), sah sich der Kapitän einer Anklage gegenüber. Der Lotse, der den Kapitän beraten hat, war nur Zeuge.

Sowieso haftet der Lotse nur dann, wenn ihm irgendeine Schuld nachgewiesen wurde. Dieser Nachweis ist, sagen wir es klar, sehr schwer. Selbst wenn der Kapitän eine Handlung des Lotsen anzweifelt, wird er nicht sofort eingreifen, sondern erst mal abwarten, denn er geht davon aus, dass der Lotse weiß, was er tut. Entwickelt sich die Situation weiterhin kritisch, wird der Kapitän den Lotsen um eine Erklärung bitten. Mit Sicherheit wird er dann folgende Antwort erhalten: »Keine Sorge, alles unter Kontrolle!«

Nun gibt es zwei Möglichkeiten. Entweder der Kapitän setzt auf die Erfahrung des Lotsen und hofft, dass tatsächlich alles gut ausgeht und greift nicht ein. Kommt es dann zu einem Schaden, wie auch immer geartet, wird der Kapitän sich die Frage gefallen lassen müssen, warum er an diesem kritischen Punkt nicht eingegriffen und das Kommando selbst übernommen hat. So hätte die Havarie vermieden werden können. Das ist dann die Überzeugung der über den Kapitän zu Gericht sitzenden Sachverständigen.

Die andere Möglichkeit: Der Kapitän greift ein, im seiner Ansicht nach letzten Moment. Möglicherweise ist zu diesem Zeitpunkt der letzte Moment doch schon verstrichen und es kommt zu einer Havarie. Dann wird der Lotse behaupten, dass er die Situation unter Kontrolle hatte und einzig durch das Eingreifen des Kapitäns die Havarie verursacht wurde. Wie will man das Gegenteil beweisen?

Einmal mehr ist der Kapitän in einer Zwickmühle.

Darüber hinaus schützen die Behörden ihre Lotsen. Ist doch ein sicheres und qualifiziertes Lotswesen unumgänglich für einen gut funktionierenden Hafen und begründet auch wesentlich dessen Ruf.

Während der Lotsung auf der Elbe war die NEDLLOYD GENUA auf der Brücke besetzt mit Kapitän, Wachoffizier, Rudergänger, Ausguck und Nautischem Offizier-Kadett. Unter Lotsenberatung kollidierte das Schiff mit einem entgegenkommenden kleineren Containerschiff. Dabei verlor ein Seemann auf dem kleineren Containerschiff sein Leben. Bei der Seeamtsverhandlung bezeugten Kapitän, Wachoffizier, Rudergänger, Ausguck und Offiziers-Kadett, dass der Lotse die Anweisung ›Hart Steuerbord‹ gegeben hat. Der Lotse bestand darauf, dass er ›Hart Backbord‹ geordert hätte. Der Lotse erhielt Recht.

Einzig im Panamakanal übernehmen die Lotsen neben der moralischen Verantwortung auch die tatsächliche Haftung. Hört sich eigentlich ganz gut an. Aber, der Teufel liegt im Detail. Wo sonst?

Während einer Passage des Panamakanals mit MS DENVER gab es durch ein falsches Manöver der Lokomotive, die an Steuerbord befestigt war, erhebliche Schäden auf der achteren Manöverstation. Wir schätzten den Schaden auf knapp über 10.000 US-Dollar. Na prima, dachte ich, hier im Panamakanal haften sowieso die Lotsen, respektive die Panama Canal Authority. Ich informierte den Lotsen über den entstandenen Schaden.

Panamakanal Lokomotive. Beim Manövrieren in die Schleusen des Panama Kanals hinein und heraus wird das Schiff von Lokomotiven an Land unterstützt. Im Grunde übernehmen die Lokomotiven die Aufgaben der sonst üblichen Schlepper.

Kein Problem, meinte der. Wir gehen dann mit dem Schiff auf einer Warteposition vor Anker und innerhalb der nächsten Woche wird der Schaden besichtigt werden. Eine abschließende Bewertung könnten wir in zehn Tagen erwarten, dann kann auch das Schiff seine Reise wieder aufnehmen.

Folglich zehn Tage Charter-Ausfall, um einen Schaden von 10.000 US-Dollar zu regulieren? Das kam natürlich nicht infrage. Der Reeder blieb auf den Kosten sitzen.

Ein Lotse ist also ein Berater des Kapitäns. Und der Kapitän ist selbst gut beraten, wenn er die Empfehlungen des Lotsen hinterfragt.

Zurück nach Montevideo. Wenn mir vor der uruguayischen Hauptstadt eine Windstärke 10 die schütteren Haare durcheinanderbringt, dann soll acht Seemeilen weiter Windstille sein? Jedenfalls ließ ich mich auf nichts ein und wir gingen mit dem Schiff vor Anker.

Interessanterweise wurde der Hafen Montevideo eine Stunde, nachdem ich die Lotsung abgelehnt hatte, wegen schlechten Wetters geschlossen. Ich hatte das Gefühl, man wollte mit der offiziellen Schließung des Hafens so lange warten, bis man unser Schiff in den Hafen gebracht hätte.

Wir haben erst einmal auf Reede geankert. Aber bereits nach wenigen Stunden begann das Schiff, den Anker zu verschleppen. Erneuter Anlauf, erneutes Ankern. Unser Glück hielt nicht lange. Bei neunzig Kilometer Windgeschwindigkeit verschleppte das Schiff wiederum den Anker. Nun war das Wetter richtig schlecht und wir hatten viele Mühe, unseren Anker zu hieven und gleichzeitig anderen Schiffen auszuweichen, die auch begannen, ihre Anker zu verschleppen.

Es herrschte Aufregung allerseits. Wenn man nicht selbst darin involviert ist, muss es sehr unterhaltsam sein zuzuhören, wie mit Russisch, Chinesisch, Deutsch, Spanisch und Tagalo gefärbtem Englisch geflucht und geschimpft wird. Und wie die eigene Notlage lauthals und radebrechend dargestellt wird, um dem Vollidioten auf dem anderen Schiff klarzumachen, dass der Platz machen soll, weil man sein eigenes Schiff nicht mehr unter Kontrolle hat. Ein herrliches Drunter und Drüber. Panik in Multikulti.

Nachdem wir dann unseren Anker glücklicherweise wieder in der Klüse hatten und auf der Back alles seefest war, sind wir vor Montevideo im schlechten Wetter auf- und abgedampft. Zwei Tage lang. Den anderen Schiffen ging es nicht viel besser und so war es ein ziemliches Durcheinander im Seegebiet. Niemand hielt sich mehr an Verkehrsregeln, weil jeder versuchte für sein Schiff eine möglichst günstige Lage zu Wind und See zu finden.

Zwei Tage später also, morgens in aller Frühe, wurde das Wetter brauchbarer und wir liefen wieder zu Lotsenposition von Montevideo. Nun sollten wir den Lotsen erst um fünf, dann um sieben, dann um acht, dann um 08:30 Uhr nehmen. Offiziell wurde der Hafen um sieben Uhr geöffnet. Der Lotse kam nicht gleich, er musste wohl noch ausschlafen.

Mit diesem Lotsen hatte ich Pech. Er war so ziemlich der schlechteste, den ich bisher in Montevideo hatte. Schon bei der Ansteuerung wären wir zwei Mal beinahe aus dem Seekanal gerutscht. Dann konnte er es nicht verhindern, dass uns in der Einfahrt zum Hafen ein anderes Schiff entgegenkam. Wir hatten schon Schwierigkeiten, überhaupt im Seekanal zu bleiben. Es wurde sehr, sehr eng, als wir an dem anderen Schiff vorbeischrammten. Meine Laune war schon wieder auf einem Tiefpunkt. Das andere Schiff, das uns eben entgegengekommen war, lag doch nun schon drei Tage im Hafen und zwanzig Minuten länger zu warten, hätten sicher nichts ausgemacht.

Wir mussten auf ›Volle Fahrt voraus‹ gehen, um unser Schiff am entgegenkommenden vorbeisteuern zu können. Und so landeten wir mit ›Voll Voraus‹ im Hafenbecken und versuchten verzweifelt mit ›Voll Zurück‹ unser Schiff wieder aufzustoppen, bevor wir auf Grund festkamen. Im Maschinenkontrollraum hat der Leitende Ingenieur mir insgeheim bestimmt einen Vogel gezeigt.

Der Lotse hatte zwei Schlepper gewollt, ich hatte auf drei bestanden. Alle drei Schlepper drückten uns von der flachen

Stelle weg. Wir schaffen es knapp. Wahrscheinlich war es der dritte Schlepper, der das letzte Quäntchen ausmachte, eben nicht im Hafenschlamm festzukommen.

Auch an der inneren Mole kamen wir gerade so vorbei.

Nach dem Festmachen stellte ich fest, dass ich trotz kühler, frühlingshafter Temperaturen total durchgeschwitzt war. Und – nicht zum ersten Mal – weiche Knie hatte.

Das nächste Etappenziel: Buenos Aires. Auch Buenos Aires gilt als ein schwieriger Hafen. Erst zwölf Stunden den River Plate hoch und dann einen Tag lang ankern auf der Reede vor Buenos Aires.

Verursacht wurde diese Verzögerung durch MS GANDEUR, dem Schiff, das noch an unserem vorgesehenen Liegeplatz lag. Während des Sturms hatte sich der Wasserspiegel im Hafen zwei Meter unter normal Null gesenkt. Das Schiff an unserem späteren Liegeplatz kam auf Grund zu liegen und zog sich dabei Beschädigungen zu. Die Hafenbehörden von Buenos Aires forderten erst eine Reparatur der Schäden, bevor das Schiff auslaufen durfte. Für uns also ein weiterer Tag auf Reede.

Aber dann ging es früh am Morgen los; kurz vor 13:00 Uhr waren wir fest. Es folgte bis nach 16:00 Uhr – Behördenkram: zwei Mal 994 Seiten Papier zur Einklarierung. Aber ich hatte Glück, ich brauchte davon nur 168 Seiten persönlich unterschreiben. Die Zahlen sind echt – keine Übertreibung!

Jedenfalls war ich geschafft, geschlaucht und wünschte mir eigentlich nichts mehr, als einen Film zu schauen und dann eine ausgiebige Nacht lang zu schlafen. Doch daraus wurde nichts. Mein Leitender Ingenieur ließ nicht locker, ich musste mit ihm an Land. Bis dahin hatte ich immer wieder eine Ausrede, nicht an Land zu gehen. Der Chief wollte aber unbedingt in ein Tango-Varieté. Niemand anderer der Besatzung hatte Lust auf Tango.

Tango liegt bei mir gedanklich nahe an Ballett und natürlich weit entfernt von Tabledance. Aber wie gesagt, der Chief war erbarmungslos. Wenn ich diesmal nicht mit ihm mitginge, wäre er bereit, mir die Freundschaft zu kündigen. Das war sicher. Nein, das Risiko wollte ich nicht eingehen. Immerhin war ich ihm wirklich dankbar, dass ich mir um die Maschine keine Sorgen machen musste und dass unten im Keller des Schiffs alles ordnungsgemäß lief.

Der Agent hatte für uns telefonisch einen Tisch reserviert. Ich musste meine Kreditkartennummer als Beweis dafür angeben, dass wir auch zahlungskräftig sind. Und das für Tango! Also dann, 19:00 Uhr an Land.

Gesund zurück an Bord, immerhin erst um 1:00 Uhr! Der Besuch des ›Madero Tango‹ war wirklich ein Erlebnis.

Ein Etablissement in toller Lage mit mindestens 300 Plätzen. Um 20:00 Uhr hatte die Veranstaltung offiziell angefangen. Wir schafften es aber durch den dichten Verkehr in Buenos Aires, erst gegen 20:30 Uhr dort zu sein, und fürchteten schon, etwas verpasst zu haben. Aber als wir den Laden betraten, waren wir so ziemlich die Ersten. »Na das kann was werden«, sagten wir uns. »So ganz alleine in solch einem großen Saal.«

Gleich am Eingang wurden uns neunzig US-Dollar pro Person in bar abgeknüpft. Da wir die nun schon mal bezahlt hatten, setzten wir uns auch und harrten der Dinge, die da kommen würden. Die Dinge, die da kamen, waren zuerst einmal eine Flasche Rotwein und zwei Flaschen Mineralwasser. Eine Flasche Rotwein für zwei Personen waren im Preis eingeschlossen und alkoholfreie Getränke gab es, so viel wie man mochte. Die Abendkarte, auch im Preis mit inbegriffen, hatte drei Gänge, bei denen man jeweils unter vier Gerichten auswählen konnte. Als Vorspeise hatte ich irgendwas mit Mais und Koriander, der Hauptgang bestand selbstverständlich aus einem Steak und als Dessert bestellte ich einen Caramel Cheesecake. Alles ausgezeichnet. Zumindest am Anfang schmeckte auch der Wein noch.

Wir saßen zu zweit an einem runden Tisch, kaum größer als unser Esszimmer-Tisch zuhause. Schon ein seltsames Paar, wir beide, der glatzköpfige Chief mit seinem Sandmännchenbart und ich – versessen auf Tango. Wir merkten, wie wir immer wieder verstohlen gemustert wurden. Später setzte sich zu uns noch ein Kerl wie ein Baum, so ein Arnold-Schwarzenegger-Verschnitt, mit schreiend pinkem Pullover.

Es kam, wie es kommen musste. Im Laufe des Abends wurden wir gefragt, ob wir beide, der Chief und ich, nicht zusammen einen Tangokurs belegen wollen. So weit ging dann meine Begeisterung für Tango doch nicht. Wir lehnten ab.

Acht weitere Stühle standen um unseren Tisch herum. Der Laden füllte sich langsam. Da wir zu früher Stunde allein an unserem Tisch saßen, hatten wir genug Platz, um bequem das Essen zu genießen. Um 22:00 Uhr war der riesige Saal bis auf den letzten Platz gefüllt. Dann war's mit dem Essen schon schwieriger, ungefähr so, wie in der Economy Class der Lufthansa.

Zwanzig Minuten später begann die Show. Ich würde sie so beschreiben: Ballett mit Tangomusik. Es war beeindruckend und ich bin sicher, dass einem so etwas in Europa nicht geboten wird. Auf diese Art und Weise Tango zu tanzen, lernt man nicht in drei oder vier Jahren Ballettschule. Das muss im Blut liegen und von Kindesbeinen an geübt werden.

Wir waren froh, dass wir unser Essen schon hinter uns hatten, wir konnten uns ganz auf die Show konzentrieren. Um uns herum wuselte es während der Aufführung, weil die Kellner das Essen für die anderen Gäste servierten. Das hat mich ein wenig gestört. Und wenn man im Halbdunkeln versucht, seine Schweine-Rippchen auf dem Teller zu sortieren, verpasst man natürlich den besten Teil der Show.

In kurzen Pausen wurden die Rollladen der großen Fenster geöffnet und man hatte einen fantastischen Blick über die Marina in Buenos Aires. Ganz sicher, wenn man Buenos Aires besucht, muss man auch ins ›Madero Tango‹ gehen!

Von ihm unbemerkt, habe ich dem Chief dann noch fünf Zigarren gekauft und ihm am nächsten Tag geschenkt. Als Dank dafür, dass er mich vom Schiff herunter gezwungen hat. Er hat sich geschmeichelt gefühlt.

Nach Buenos Aires wieder Montevideo. Der Grund für den zweimaligen Anlauf von Montevideo ist einfach. Beim ersten Anlauf wird nur gelöscht und keine Ladung genommen, damit das Schiff so wenig wie möglich Tiefgang hat, wenn es den flachen River Plate hinauf nach Buenos Aires fährt. Beim zweiten Anlauf wird dann geladen.

Diesmal hatten wir keine Probleme mit Wind, auslaufenden Schiffen oder schlechten Lotsen. Den Ärger machte diesmal der für das Schiff zuständige Agent.

Wir hatten ein Besatzungsmitglied, dem eine Füllung aus dem Zahn gebrochen war; er musste dringend zum Zahnarzt. Der Agent lehnte ab, das zu organisieren. Es hätte kein Zahnarzt offen.

»Hey! Montevideo, die Hauptstadt Uruguays, und kein Zahnarzt?«

»Nein, kein Zahnarzt.«

Daraufhin beschwere ich mich bei den Hafen-Gesundheitsbehörden, meiner Besatzung werde die gesundheitliche Betreuung verweigert. Man hielt mit scharfen Argumenten dagegen: »Zahnarzt ist kein richtiger Arzt!«

Da haben wir es. Was soll man da noch sagen?

Der nächste Hafen wäre Rio Grande gewesen, in fünf Tagen. Wer möchte fünf Tage mit Zahnschmerzen auf einem Schiff festsitzen? Ich schleuderte eine Nebel-Granate und drohte, den Umschlagbetrieb auf meinem Schiff zu stoppen, wenn mein Besatzungsmitglied nicht einem Zahnarzt vorgestellt wird. Natürlich war das eine leere Drohung, die praktische Umsetzung würde mir sicherlich meine Entlassung einbringen. Aber das konnte der Agent nicht wissen, aber da ich beim ersten Anlauf die Lotsung verweigert hatte, hielt er mich für unberechenbar. Kurz, er nahm meine Drohung ernst. Eine Verzögerung in der Abfertigung des Schiffes wäre auch ihm nicht gut bekommen.

Und, welche Überraschung, Sie ahnen es. Es gelang ihm tatsächlich, mit wenigen Anrufen einen Zahnarzt ausfindig zu machen, der mein Besatzungsmitglied schließlich behandelte. 280 US-Dollar für eine Zahnarztbehandlung habe ich dann, ohne zu diskutieren, bezahlt.

Nach Montevideo dann Rio Grande und wieder Santos. Und von Santos dann wieder nach Singapur - der Kreislauf des Lebens, unseres Lebens hier am Bord der MS GERMANY.

MS GERMANY

Wenn ›Authorities‹ das letzte Wort haben

Von Paranagua nach Rio Grande do Sul – 485 sm.

In drei Tagen würden wir vor Santos ankommen. Noch hatte uns der Hafen nicht informiert, ob wir gleich an die Pier gehen oder einige Zeit auf Reede verbringen müssen.

Unsere ruhige Zeit der Überfahrt, diesmal einundzwanzig Tage von Singapur bis Santos, neigten sich dem Ende zu. Es war eine gute Überfahrt. Das schöne Wetter erlaubte unserer Besatzung viele Arbeiten an Deck. Die Maschinisten hatten Hilfsdiesel Nummer 4 zerlegt und wieder zusammengebaut. Die 20.000-Betriebsstunden-Wartung. Es fehlten noch ein paar Dichtungsringe. Irgendeiner hatte wieder nicht aufgepasst. Eigentlich sollte die Wartung erst begonnen werden, wenn alle benötigten Teile vorhanden sind. Die O-Ringe waren jetzt für Montevideo angekündigt. Wenn die dann eingebaut sind, sollte Nummer 4 wieder schnurren. Bei so etwas klopft man auch auf einem Stahlschiff drei Mal auf Holz.

Ansonsten war die Versegelung ereignislos. Was für uns auf dem Schiff gut ist, ist schlecht fürs Erzählen unterhaltsamer Geschichten. Aber ich hatte keine Sorge, dass die kommenden vier Wochen nicht etwas Erzählenswertes an Bord spülen würde. Solche Überlegungen sind nicht nur Unkenrufe oder böse Vorahnungen meinerseits, nein, erste Ereignisse werfen schon ihre Schatten voraus.

Vor zwei Tagen hatte ich eine Vorladung des Hafenkapitäns von Santos bekommen. Die amtliche Untersuchung des Unfalls vor drei Monaten würde fortgesetzt werden. Bezüglich unseres Schiffes, meiner Besatzung und natürlich auch meiner Person, fühlte ich mich unschuldig, aber das hat in der Schifffahrt nichts zu sagen.

- Vor circa sechs Jahren hat ein deutscher Kapitän für anderthalb Jahre in den USA eingesessen. Anklage: Mord. Folgendes war passiert: Während des Festmachens im Hafen von Tampa, Florida, versagte das Bugstrahlruder mit dem Ergebnis, dass der Bug des Schiffes eine Gantry berührte. Diese fiel in sich zusammen. Unglücklicherweise befand sich in diesem Moment ein Elektriker zu Reparaturarbeiten auf der Gantry. Der Elektriker kam zu Tode. Die übereifrigen Amerikaner haben das nicht als Arbeitsunfall gesehen oder im äußersten Fall als Totschlag eingeordnet. Man ging gleich aufs Ganze; gegen den Kapitän wurde wegen Mordes ermittelt. Der Ankläger meinte, der Kapitän hätte den Zustand seines Bugstrahlers kennen müssen und einen Schlepper mehr nehmen sollen. Nicht vergessen, in den USA steht auf Mord die Todesstrafe. Florida liegt in der US-Statistik diesbezüglich auf einem der Spitzenplätze. Denn gerade in den südlichen Bundesstaaten zögert man nicht, dieses Urteil zu verhängen - und zu vollziehen. Durch internationalen Druck kam mein Kollege nach anderthalb Jahren frei.

- Vor zwei Jahren, an der Küste Südkoreas, riss sich eine Barge von ihrem Schlepper los und kollidierte mit einem

Tanker, der auf Reede vor Anker lag. Der Tanker verlor Öl, eine ziemliche Menge. Ohne Gerichtsurteil wurden der Kapitän und der Erste Offizier ein Jahr lang in Südkorea festgehalten. Also, nicht der Kapitän und der Erste Offiziers des koreanischen Schleppers. Nein, der Kapitän und der Erste Offizier des betroffenen Tankers wurden eingesperrt. Auch hier befreite erst internationaler Druck die beiden Seeleute.

- Während im November 2002 die spanischen Behörden komplett versagten, erfüllte der Kapitän des Tankers PRESTIGE seine Pflicht. Er versuchte, sein Schiff zu retten – was ihm nicht gelang – und seine Besatzung, was ihm gelang. Er selbst, er ging als Letzter von Bord. Nach mehr als zwölf Jahren, nunmehr 76-jährig wurde der Kapitän erneut zu einer mehrjährigen Haftstrafe verurteilt, die allerdings ausgesetzt wurde. Kein einziger spanischer Behördenvertreter, der dem Schiff seinerzeit das Anlaufen eines Nothafens verweigerte, wurde zur Rechenschaft gezogen.

Man sagt, auf See und vor Gericht ist man in Gottes Hand. Offensichtlich ist ein Seemann vor Gericht nicht einmal mehr in Gottes Hand. Na gut, Herr Schettino, verantwortlich für das Unglück des Kreuzfahrtschiffes COSTA CONCORDIA, ist wohl eine Ausnahme.

Es gibt also durchaus einen ernsten Hintergrund, wenn ich auch meine Freunde in Deutschland mehr aus Spaß mobilisiert hatte: von jedem erwartete ich ein monatliches Fresspaket zu erhalten, sollte ich in Brasilien in den Knast einziehen müssen. Mein Freund A.P. wollte sich an die

Spitze der Bewegung stellen, alle Freunde mobilisieren, eine Großdemonstration in der N.-straße medienwirksam organisieren und mich durch massiven N.-straßen-Druck aus dem Knast zu befreien.

Im Falle eines ähnlichen Falles, zähle ich auch auf Sie!

Sicher, ich ging davon aus, dass es so schlimm hoffentlich nicht kommen würde. Die Reederei hatte einen Rechtsanwalt bestellt, der mir zur Seite stehen sollte. Hoffentlich hat man da nicht wieder gespart, dachte ich. Ich hoffte auf so eine Type wie aus ›Boston Legal‹, aber ging realistischerweise davon aus, das es eine verkrachte Existenz wie ›Wilsberg‹ aus Münster werden würde.

Den nächsten Schatten, der auf uns fällt, werfen die Häfen in Südamerika. Vor ein paar Tagen bekamen wir eine Information unserer Reederei, bezüglich unseres Schwesternschiffes MS CHINA. Die MS CHINA ist beim Auslaufen aus Buenos Aires festgekommen und konnte erst nach Stunden wieder freigeschleppt werden. Na ja, das kenne ich ja aus dem Suezkanal.

Gleich im nächsten Hafen, in Montevideo, kollidierte das Schiff mit der Pier beim Auslaufen. Es gab einige heftige Beulen am Vorschiff. Der Kapitän wurde abgelöst. Also, nicht nur unser Schiff hat in den südamerikanischen Häfen so seine Probleme. Warum sollte es bei diesem Anlauf anders sein?

Gleich nach Ankunft des Schiffes in Santos sollte um 13:30 Uhr die behördliche Anhörung stattfinden und da wollte ich meinen Transport sicherheitshalber schon um

12:00 Uhr am Schiff haben. Doch der Agent meinte, 12:30 Uhr wäre früh genug. Natürlich kam das Auto erst 13:05 Uhr.

Am Hafentor dann eine Sicherheitsüberprüfung, als gehörte ich zu einer Gruppe arabischer Touristen aus dem Jemen vor dem Flug nach Tel Aviv. Und das, obwohl ich mich herausgeputzt hatte, als hätte ich die Absicht bei der Fastnachtssitzung ›Mainz bleibt Mainz‹ in der Rheingoldhalle aufzutreten.

Ich wollte halt Eindruck schinden und, ungelogen, das habe ich auch. Die Mädels am Sicherheitscheck dachten, sie würden vom Oberkommandierenden der brasilianischen Streitkräfte einer Sicherheitsüberprüfung unterzogen und gaben sich alle Mühe, die Überprüfungen buchstabengetreu durchzuführen. Fünfmal die Fingerabdrücke genommen und dreimal Gesichts-Scan. Und nicht zu vergessen, die erforderlichen Formulare auszufüllen. Fünfzehn Minuten für fünfzehn Meter Sicherheitsschleuse.

Mit einem Boot ging es zu einem Stützpunkt der Marine an der anderen Seite des Flusses, auf dessen Gelände sich auch die Hafenkommandantur befindet. Zehn Meter vor der Pier stoppte das Boot und ich erfuhr, dass wir warten müssten, bis wir eine Genehmigung des Hafenkapitäns erhielten, an der Pier festzumachen.

›Authorities‹ ist der englische Begriff für Behörden. Sehr treffend. Man versuchte uns nämlich, die Autorität der brasilianischen Behörden klarzumachen, indem man uns zwanzig Minuten lang zehn Meter vor der Pier warten ließ. Ohne jeden ersichtlichen Grund. Das Boot hatte natürlich keine Air Condition, es stank nach Abgasen und schaukelte fürchterlich. Der Schweiß rann mir inzwischen den ganzen Körper herab. In weiser Voraussicht hatte ich mir schon schwarze Uniformhosen angezogen. Mit ziemlicher Sicherheit konnte ich erwarten, dass ich irgendwo auf einem Plastikstuhl werde schwitzen müssen und wollte dann nicht mit einem dunklen Fleck auf durchgeschwitzten Khaki Hosen irgendwann aufstehen müssen. Eine falsche Schlussfolgerung sollte nicht meine Würde beflecken. Die dunkle Hose war schon zu diesem Zeitpunkt eine gute Wahl.

Schließlich durften wir an der Pier aussteigen und wurden durch das ganze Objekt zum Haupttor geführt. Dort bekamen wir einen Besucherausweis und man brachte uns den ganzen Weg wieder zurück zum Hauptgebäude. Im Hauptgebäude warteten der Vertreter des P&I-Clubs und zwei brasilianische Schönheiten. Die brasilianischen Schönheiten waren mein Rechtsanwalt und der vereidigte Dolmetscher, sehr weiblich, meine Rechtsanwältin und die Dolmetscherin. Also weder William Shatner oder Leonard Lansink, dafür Halle Berry im Doppelpack. Was hatte ich für ein Glück!

Zu meiner Erleichterung störte sich niemand daran, dass ich fünfundvierzig Minuten zu spät zur Anhörung erschien. Für brasilianische Verhältnisse ist das durchaus noch pünktlich. 13:30 Uhr bedeutet so viel wie: nach dem Mittag. 14:15 Uhr ist voll im Limit, durchaus rechtzeitig.

Ich wurde in einem Verhörzimmer platziert, mit den ungefähren Abmaßen eines Eisenbahnabteils, vielleicht etwas länger, bestimmt aber schmaler. An der Stirnseite des Konferenztisches mit Bierzelttischdimension, saß ein Sergeant, der eifrig in den Computer tippte. Die beiden brasilianischen Schönheiten wurden an der einen Längsseite des Tisches platziert und ich sollte mich ihnen gegenüber hinsetzen. Ich hätte ungefähr so viel Spielraum gehabt wie in der - schon des Öfteren als Vergleich herangezogenen - Economy Class der Lufthansa.

Nun hatte ich der brasilianischen Schönheiten wegen schon eine ganze Weile den Bauch eingezogen, aber irgendwann musste ich ja mal Luft holen. Also setzte ich mich an die andere Stirnseite des langen Tisches und brachte auf diese Weise beinahe vier Meter zwischen mich und den Verhörspezialisten.

Es dauerte auch nur weitere fünfzehn Minuten, bis ein Oberleutnant der brasilianischen Marine den Raum betrat und das Verhör begann.

Ich wurde auf meine Rechte und Pflichten verwiesen und ich weiß nicht, ob ich an irgendeiner Stelle auf die brasilianische Flagge geschworen habe. Der Oberleutnant stellte seine Fragen so scharf wie die Bügelfalten auf seinem Hemd und seiner Hose. Als ich seinen Namen auf seinem Namensschild lesen konnte, war mir alles klar: Iaroslav Kurschikoff. Sie mögen denken, hier spinnt ein Kapitän Jägerlatein, aber nein, nein, der hieß wirklich so. Der Mann war bestimmt in der Ljubjanka als Mitglied des russischen Inlandsgeheimdienstes ausgebildet worden. Der Sergeant gab sich redlich Mühe, meine Aussagen auf dem Computer festzuhalten. Aber mittels Zwei-Finger-Such-System, dauert es nun mal seine Zeit, bis ein Satz sich in die elektronischen Speicher eingelagert hat. Das gab mir immer eine Verschnaufpause zwischen den Fragen.

Nach circa dreißig Minuten begann die brasilianische Gewohnheit die russischen Gene zurückzudrängen. Der Oberleutnant verlor die Lust am Verhör. Er las jetzt seine Fragen von einem Zettel ab und war immer weniger an meinen Antworten interessiert. Die Notwendigkeit, andauernd seinen Sergeanten korrigieren zu müssen, ermüdete ihn sichtlich. Nach weiteren dreißig Minuten hatte er dann genug und verließ den ›Saal‹ – und überließ seinen Platz meiner Rechtsanwältin, die auch die Schreibaufgaben des Sergeanten und mein Verhör übernahm. Nun hätte ich es noch eine Weile ausgehalten.

Nach zwei Stunden war die Vernehmung zu Ende. Mit anderthalb DIN-A4-Seiten Protokoll entsprach meines Dafürhaltens das Ergebnis eigentlich nicht dem Aufwand. Nun mussten wir noch warten, bis der Oberleutnant geruhte, wieder an seinem Platz zurückzukehren und das Dokument, ohne es noch einmal durchzulesen, abzeichnete.

Mir hatte meine Dolmetscherin die anderthalb Seiten schon übersetzt und war nicht sehr davon angetan, als ich noch Korrekturen anmeldete: Mann, da hat man das Ding schon mal im Computer, dann muss man es doch nicht noch mal ändern!

Zum Schluss beruhigte mich der Oberleutnant noch. Das ganze Verfahren wäre noch keine offizielle Untersuchung. Bis jetzt sei das nur eine Voruntersuchung, mit der festgestellt werden soll, ob eine offizielle Untersuchung stattfinden muss. Letzteres werde zu einem späteren Zeitpunkt entschieden.

Wir sind also bereits drei Monate in der Voruntersuchung zu einer offiziellen Untersuchung. Wie lange mag eine offizielle Untersuchung dauern?

Nur sehr ungern verabschiedete ich mich von meinen beiden brasilianischen Schönheiten. Ich kann mich nicht erinnern, ob der P&I-Club-Vertreter zum Zeitpunkt des Abschieds noch anwesend war.

Mein Agent setzte mich wieder in das Boot und sagte, ich würde wohl schon zurückfinden. Was ich auch tat.

Vier Stunden war ich nicht auf meinem Schiff gewesen. Ich war glücklich, wieder ›daheim‹ zu sein. Dann warten wir mal ab, ob es eine offizielle Untersuchung geben wird.

Wieder auf See. Vor vier Tagen haben wir Santos in Richtung Südostasien verlassen und wieder mal zum Sprung über den Großen Teich angesetzt. Eigentlich sind es sogar drei Teiche: Südatlantik, Indischer Ozean und ein klitzekleines bisschen vom Pazifischen Ozean – dann sind wir in Singapur. Und wenn man ein wenig großzügiger ist, dann berühren wir noch die natürliche Grenze zum Südpolarmeer auf 40 Grad südlicher Breite – aber das hatten wir ja schon einmal.

Vom zweiten Anlauf in Santos gibt es nur Bagatellen zu berichten. Der Schiffshändler versuchte, seinen alten Mist bei uns loszuwerden, wurde aber vom Koch dabei erwischt. Zwölf Pakete angelieferten Müslis, in erster Linie für den

Leitenden Ingenieur, waren bereits seit drei Monaten abgelaufen. Das Müsli ging zurück.

Es gab also kein Müsli für unseren Leitenden Ingenieur. Das hieße bis zum Mittagessen schlechte Laune und Stress im Maschinenraum. Der Koch wollte das seinen Kollegen aus der Maschine nicht antun und ist darum selber an Land gestiefelt und hat im Supermarkt ein paar Pakete Müsli gekauft. Der Frühstücksfrieden war gesichert.

Die anderen Häfen in Südamerika haben wir diesmal ohne größere, aufsehenerregende Zwischenfälle hinter uns gebracht. Das ist gut für mich und meine Besatzung, schafft aber keine Grundlage für spannende Unterhaltung. Nun gut, ich denke etwas um. Vielleicht gibt es doch ein paar leichte Anekdoten.

Der erste Hafen nach Santos war wieder einmal Montevideo.

Einer der Häfen, die Anfang des vorigen Jahrhunderts für Schiffe gebaut wurden, die durch die Zugbrücke in Wieck bei Greifswald gepasst haben oder die Peene hinunter bis nach Anklam gefahren sind oder Hoorn in den Niederlanden als Heimathafen hatten. Die Häfen sind zu klein für unsere Schiffe, die Lotsen sind mit Schiffen unserer Abmaße überfordert und die Schlepper sind nur darauf bedacht, ihre Schleppleinen nachhaltig zu schonen.

Der Charterer achtet nicht nur penibel darauf, dass kein Schnapsglas seines wertvollen Schweröls verschwendet wird; er legt am Schreibtisch in Shanghai auch fest, wie viele

Schlepper wir in den Häfen ordern dürfen. Laut den Anweisungen des Charterers für Montevideo darf man dort nur zwei Schlepper nehmen. Bei den vier Manövern dieser Rundreise habe ich dreimal jeweils drei Schlepper geordert. Das lässt man natürlich nicht so einfach durchgehen und unser Charterer wollte eine Begründung von mir haben, warum ich denn so leichtsinnig mit seinem Geld um mich würfe. Die Manager in Shanghai waren diesmal nicht anspruchsvoll, es reichte tatsächlich ein Satz von mir: »MS CHINA kollidierte mit der Pier, MS GERMANY nicht.« Es kamen nach dem ersten Mal keine weiteren Anfragen.

Man hofft bei solchen Sachen immer auch auf ein bisschen Unterstützung von der eigenen Reederei. Aber dort hält man sich zurück und äußert keine persönliche Meinung. Höchstens: »Bitte, Herr Kapitän, es ist Krise, wir müssen den Charterern, die uns noch bezahlen, alles rechtmachen. Bloß keinen Stein des Anstoßes geben!« Und beim Hinausgehen heißt es dann: »Aber machen Sie nicht unser Schiff kaputt!« Geht es aber daneben, wird man, wie der Kapitän der MS CHINA, abgelöst und nach Hamburg zitiert.

Halbherzig werden hier und da in den südamerikanischen Häfen ein paar Baggerarbeiten durchgeführt und großspurig Verkehrstrennungsgebiete in Seegebieten eingerichtet, in denen am ganzen Tag höchstens drei Schiffe verkehren.

Durchgreifende bauliche Veränderungen finden nicht statt. Höchstens einmal, dass Gantrys oder in Montevideo sogar nur Mobilkräne an die Pier gestellt werden, die mal gerade so eben über unsere 43 Meter Schiffsbreite hinwegreichen.

Manchmal nicht einmal das. An der für unseren Charterer vorgesehenen Pier in Buenos Aires stehen vier oder sogar fünf Gantrys. Aber nur eine bringt es zu einer Reichweite von 42,80 Metern. Also arbeiten vier Gantrys vorwiegend an der Backbordseite des Schiffes und Nummer fünf belädt ausschließlich die Steuerbordseite des Schiffes. Dass dieses Vorgehen erhebliche Unterschiede in der Belastung des Schiffes hervorbringt, leuchtet ein. Häufig haben wir Schwierigkeiten, das Schiff ohne Schlagseite an der Pier zu halten.

Um vorn und achtern laden zu können, muss die große Gantry logischerweise an den Aufbauten vorbeifahren. Da müssen wir einfach Schlagseite machen, damit die Gantry mit zwei bis maximal drei Zentimetern, ja, es sind Zentimeter!, Abstand haarscharf die Kommandobrücke des Schiffs passiert.

Das Einzige, was mit der Größe der Schiffe mithält, ist das Regelwerk, das mindestens im gleichen Maß wie die Anzahl der transportierten Container gewachsen ist. Aber wenn es dem Hafenkapitän nicht passt – weil es dem Schiff nützen, aber seinen Hafen schlecht aussehen lassen würde –, werden die Hafenvorschriften eben mal kurz außer Kraft gesetzt oder er erteilt ganz einfach eine Ausnahmegenehmigung.

Überhaupt sind weltweit die Behörden und der damit verbundene Verwaltungskram so angeschwollen wie der Rhein beim Frühjahrshochwasser, so unangenehm wie November-Nebel in der Straße von Dover und gleichzeitig so bedrohlich wie ein Taifun in Ostasien. Man weiß nie, welche unangenehme örtliche Vorschrift die Bürokratie beim Anlauf des nächsten Hafens aus dem Ärmel zaubert.

Auf Reede vor Buenos Aires tauchte ein Motorboot auf und brachte uns die argentinische Coast Guard an Bord zur Hafenstaatenkontrolle.

> **Hafenstaatenkontrolle.** In unregelmäßigen Abständen, aber mindestens einmal im Halbjahr, führen spezielle Inspektoren der jeweiligen Hafenbehörden unangekündigte Kontrollen des Schiffes durch. Schwerpunkte sind die Einhaltung der internationalen und jeweiligen nationalen Vorschriften bezüglich der Sicherheit des Schiffes, des Umweltschutzes und der Arbeitssicherheit an Bord.

Ein einsamer Port State Inspector führte bis in den Nachmittag hinein eine Hafenstaatenkontrolle durch. Um fair zu sein: Er hat uns nur gezeigt, wo er uns nach seinem Dafürhalten hätte eine Deficiency eintragen können. Zum Beispiel hatten wir ihn nicht ins Gangway-Log eingetragen, das er sich hat vorführen lassen. Er kam auf Reede, da erwarten wir normalerweise keine Besucher, wir haben keine Gangway ausgebracht und es steht niemand da und füllt das Gangway-Log aus. Spielt keine Rolle, hier handelt es sich um ISPS Security Breach.

> **Deficiency.** Mangelpunkt der nach Meinung des Port State Inspectors zu einer Gefährdung des Schiffes, seiner Besatzung und / oder der Umwelt führen könnte. Nicht selten führt das zu einem mit hohen Kosten verbundenen Auslaufverbot des Schiffes.
>
> **ISPS.** International Ship and Port Facility Security Code. Nach dem 11. September 2001 erstelltes grundlegendes Regelwerk zur Sicherung von Schiffen und Hafenanlagen gegen terroristische Bedrohungen. Ein Security Breach ist ein Verstoß dagegen.

- Dass unser Schiff technisch in einem einwandfreien Zustand ist, findet keine Erwähnung.

- Dass die Sicherheitseinrichtungen makellos und zum sofortigen Einsatz bereit sind, wird nicht im Geringsten angezweifelt.
- Dass alle nationalen und internationalen Vorschriften als Hardcopy an Bord sind und penibel beachtet werden, ist eine Selbstverständlichkeit, die einfach vorausgesetzt wird.
- Dass die sozialen und hygienischen Verhältnisse an Bord eines deutschen Schiffes makellos sind, davon ist auszugehen. Zumindest tut das der argentinische Port-State-Control-Officer und fühlt sich somit auch nicht veranlasst, in diesen Bereichen gründlicher nachzusehen.

Aber, dass der Besuchernachweis acht Meilen entfernt von der nächsten Küste, wo nur Lotsen und Behördenvertreter die Erlaubnis und das Interesse haben, an Bord zu kommen, nicht zum sofortigen Einsatz bereit ist ... diese Schlamperei ist doch wirklich unerhört.

Und wieder einmal ist bewiesen, dass nur durch den unermüdlichen Einsatz der landbasierten Behördenvertreter die internationale Seeschifffahrt ›sicher‹ sichergestellt werden kann. Ohne die ordnende Hand der Verwaltung wüssten diese unterbelichteten Seeleute zum Beispiel ja nicht mal, dass sie nach getanem Tageswerk in die Koje gehen können. Deshalb wurde die ›Verordnung über die Ruhezeiten an Bord von Seeschiffen‹ geschaffen.

Nachdem aber der Leitende Ingenieur und ich uns nach dem Mittagessen für über eine Stunde auf dem Laptop des Inspektors artig die Bilder von dessen Familie angesehen haben und insbesondere seinen Sohn ausgiebig bewundert hatten, war uns der Kontrolleur gnädig. Wir haben natürlich auf den ersten Blick die Ähnlichkeit seines zweijährigen Sohns mit Maradona festgestellt. Die gleichen Locken! Auch der Junge schießt wie Maradona die Bälle mit links. Die Karriere als Fußballstar ist bereits jetzt abzusehen. Unsere (un-)aufrichtige Begeisterung für seinen Sprössling brachte uns null Deficiencies ein.

Ein paar Tage später kam aus dem Büro in Hamburg eine Information, dass die MS NAPOLI in Argentinien eine Deficiency erhalten hat, weil das Gangway-Log nicht ordnungsgemäß geführt war. Wahrscheinlich ist Kapitän F. kein großer Fußballfan und verwechselt Maradona mit Uli Hoeneß.

Den nächsten Fallstrick erwarteten wir in Itapoa, Brasilien, in Gestalt des übellaunigen Hafengesundheitsoffiziers. Diesmal jedoch haben wir das Problem in den Griff bekommen.

Unser Schiff war gut vorbereitet: Für diesen Anlauf von Itapoa hatte ich einen Schwung Rattenfallen gekauft, obwohl wir mit Sicherheit keine Ratten an Bord haben. Darüber hinaus hatte der Erste Offizier einen wunderschönen Ratten-Management-Plan erstellt, den wir mit vielen Logos und Stempeln versehen hatten. Nun, er sah beeindruckend aus.

Dann hatte ich noch eine zündende Idee. Ich rief den Agenten in Itapoa an und bat ihn, mit dem Hafengesundheitsoffizier Kontakt aufzunehmen. Er solle ihm, freundlich, sehr freundlich erklären, der Beamte erhielte beim Besuch auf unserem Schiff wie beim letzten Mal zwei Stangen Zigaretten und eine Flasche Whisky.

Wenn er nicht käme, gäbe es die doppelte Ration!

Vier Stangenzigaretten und zwei Flaschen Whisky und wir blieben von Schikanen verschont. Ein fairer Deal.

Um die Auslastung der Schiffe effektiver zu gestalten, hatten die chinesischen Manager für diese Rundreise den Fahrplan des Schiffes umgestaltet. Von Santos ging es zum Rio de la Plata: Montevideo – Buenos Aires – Montevideo und dann wieder die südamerikanische Küste hinauf bis vor die Tore von Santos nach Paranagua. Und weil das so schön ging, wurde das Schiff von Paranagua wieder die südamerikanische Küste hinunter nach Rio Grande geschickt. Nach Rio Grande wieder die Küste hoch nach Itapoa, wiederum in der Nähe von Santos. In Europa hätte der Fahrplan vielleicht so ausgesehen: Hamburg – Cádiz – Bremerhaven – Lissabon – Rotterdam – Hamburg.

In ihrer Weisheit haben die chinesischen Manager inzwischen erkannt, dass man gute drei Reisetage und das dementsprechende Schweröl einsparen kann, wenn man von Hamburg nach Cádiz geht, dann nach Lissabon, dann nach Rotterdam, gefolgt von Bremerhaven und um die Rundreise abzuschließen, dann wieder Hamburg anläuft.

Dieses Pendeln an der südamerikanischen Küste hatte zur Folge, dass wir uns ordentlich beeilen mussten, um unser jeweiliges ›Berthing Window‹ zu erreichen. Besonders spannend war das in Rio Grande. Von Paranagua aus sind wir mit fast allem, was die Maschine hergibt, hinuntergebrettert nach Rio Grande. Am 23. um 12:00 Uhr mussten wir dort sein, andererseits würde man uns ›aus dem Fenster fallen lassen‹. Das heißt, wir würden uns anstellen und warten müssen, bis ein Liegeplatz für uns zur Verfügung stünde, der von keinem Schiff mit Priorität, das also im Rahmen des Fensters vor dem Hafen ankam, beansprucht werden würde.

> **Berthing Window.** Zeitfenster, in dem das Schiff unabhängig von der Reihenfolge der Ankunft vor dem Hafen vorrangig am Liegeplatz bedient wird.

Es wurde sehr knapp. Die Lotsenstation teilte uns mit, dass die Reporting Line für die Registrierung sechs Meilen von den Hafenmolen entfernt ist. Das Überfahren dieser Ziellinie hätte uns einen Platz auf dem Siegertreppchen eingebracht.

Das konnten wir nicht mehr schaffen. Ich wies darauf hin, dass mein Schiff besonders groß ist und sechs Meilen von der Küste entfernt kein sicherer Ankerplatz wäre. Gut, meinten die Lotsen, neun Meilen wäre auch genug, aber ich müsste dann schon geankert haben, um ins Berthing Window zu kommen. Um 11:30 Uhr war die Maschine noch auf vollen Seeumdrehungen, aber um 11:48 Uhr hatten wir bereits Anker geworfen.

Wir hatten es geschafft.

Allerdings hat der Leitende Ingenieur die nächsten zwei Tage nicht mehr mit mir gesprochen. Er brabbelte immer etwas von ›Fasten your seat belts!‹ und ›Landung im Sturzflug‹.

Wie auch immer, auf der Reede lag die MS VALUE. Wären wir 12:01 Uhr angekommen, hätte die VALUE unseren Liegeplatz bekommen. Die VALUE ihrerseits hatte ihr Berthing Window verpasst und lag schon eine Woche auf Reede vor Rio Grande und wartete darauf, dass sich für sie eine Lücke auftat.

Nachdem wir sie aus dem Spiel geschubst hatten, gab der Charterer der VALUE auf. Für die VALUE wurde der Anlauf von Rio Grande gestrichen – nach einer Woche Warten auf Reede. Ich denke, zwischen unseren Containern aus Rio Grande sind auch ein paar, die mit der VALUE hätten nach Asien verschifft werden sollen. Ein paar Dollar mehr für unseren Charterer …

Es geht nach Singapur. Der letzte Hafen in diesem Einsatz. Noch ein einziges Mal festmachen! Noch einmal fünfunddreißig Tage Seereise nach Singapur, wahrhaftig, ein großer Sprung, zeitlich und räumlich.

Die Wetterkarte sieht gut aus und ich denke, wir werden wieder eine angenehme Versegelung haben. Schon zieht der Geruch von Holzkohle durch die Aufbauten, der Koch und ein paar Matrosen üben bereits für das Basketball-Turnier. Wir wollten auch wieder ein Tischtennisturnier durchführen, aber in Ermangelung von ernsthaften Gegnern – Chief K. ist noch in Urlaub und unser ehemaliger Tischtennisprofi wurde schon abgelöst – habe ich den Steward auf der Stelle und ohne weiteren Kampf zum Sieger erklärt.

Sieh an, so schlecht geht es uns gar nicht!

Farewell

Danke, dass Sie mich und meine Besatzung auf den Reisen begleitet haben!

Ich danke ...

... allen, die an diesem Buch mitgewirkt haben: Seeleute, Hafenarbeiter, Behörden, Reedereimitarbeiter, unsere Familien.

Ähnlichkeiten mit lebenden Personen sind nicht nur beabsichtigt, vielmehr existieren die beschriebenen Personen, es sind meine Kollegen. Sie werden sich sicher wiedererkennen.

Die beschriebenen Institutionen und Behörden gibt es tatsächlich. Ich hoffe, diese erkennen mich nicht wieder, sonst werden die Zigarettenrationen noch größer werden müssen. Oder, was schlimmer wäre, die Mängelpunkte bei einer Hafenstaatenkontrolle würden noch unangenehmer werden, als sie es jetzt schon sind. Naja, und bei der Lufthansa bekäme ich nur noch einen Stehplatz.

... Ihnen, liebe Leser und hoffe, Sie fanden ein paar Einblicke in die moderne Containerschifffahrt, die Sie überrascht haben und vor allem ... hoffentlich hatten Sie viel Spaß beim Lesen!

Wenn es Ihnen gefallen hat, mir über die Schulter zu schauen, lassen sie es mich wissen. Ich bin rund um die Uhr, auf Neudeutsch 24/7, erreichbar unter:

clabautermann@opensea.eu

Ein nachträglicher Hinweis: Die Rechtschreibung mancher Ortsnamen entspricht nicht der, die Sie im Duden finden würden, sondern wird so wie bei uns auf dem Schiff verwendet.

Noch immer fahre ich zur See und noch immer bin ich tagtäglich erstaunt, womit man konfrontiert wird. Die Seefahrt verändert sich in der heutigen Zeit rasend schnell. Neue Allianzen werden geschmiedet, vertraute Namen verschwinden. Trotz allen technischen Fortschritts, für absehbare Zeit werden auch weiterhin Menschen an Bord die Seeschiffe kommandieren. Gerne bin ich bereit, mein ›Garn weiterhin zu spinnen‹. Ein wenig Stolz bin ich auch, diese Redewendung im Abspann zum ersten Mal überhaupt zu nutzen. Daran merken Sie: Nichts an meinen Berichten hat mit dem klassischen Seemannsgarn irgendetwas zu tun. Alles echt, alles wirklich so passiert.

Wenn Sie bei der Lektüre eingeschlafen sind, lassen Sie es mich auch wissen, dann lege ich meinen Stift lieber beiseite.

Gute Reise und immer eine sichere Heimkehr,

Ihr Claas-Holter Baumgert

www.ingramcontent.com/pod-product-compliance
Lightning Source LLC
LaVergne TN
LVHW011346080426
835511LV00005B/152